Annette Mangstl

LRS-Training mit Gustav Giraffe

Band 2

Ein umfassendes Förderprogramm
für die Grundschule

CARE LINE®

Dieses Trainingsprogramm möchte ich allen Kindern widmen, die von Lese- und/oder Rechtschreibschwierigkeiten betroffen sind. Ihr schulischer Alltag ist in den meisten Fällen unbeschreiblich mühsam und ihre emotionale Befindlichkeit oftmals erheblich beeinträchtigt. So möchte ich all den betroffenen Kindern und deren Familien die Geschichte um Gustav Giraffe und Zilli Zebra schenken, um ihnen das Erlernen der Rechtschreibung ein Stück weit zu erleichtern.

Alle mir in meiner Praxis anvertrauten Kinder, die bereits sehnsüchtig auf die Weiterführung der Geschichte von Gustav Giraffe aus Band 1 warten, möchte ich an dieser Stelle herzlich grüßen! Mit eurer Fröhlichkeit, Offenheit und eurem Vertrauen tragt ihr dazu bei, meinen Beruf jeden Tag aufs Neue zu lieben. Vielen Dank euch allen!

Meiner Redakteurin Eva Christian möchte ich herzlich für ihre Unterstützung und ihre vielen kreativen Ideen danken.

Danken möchte ich aber vor allem meinen Eltern, die mir die Möglichkeit gaben, diesen wundervollen Beruf ergreifen zu können und die mich in der Entstehungsphase dieses Trainingsprogramms so liebevoll unterstützt haben.

Best.-Nr. 178001
ISBN 978-3-86878-001-7

Bibliographische Information der Deutschen Bibliothek
Die Deutsche Bibliothek verzeichnet diese Publikation in der Deutschen Nationalbibliographie; detaillierte bibliographische Daten sind im Internet über http://www.dnb.ddb.de abrufbar.

Impressum

2. Auflage 2011

CARE-LINE Verlag in Druck+Verlag Ernst Vögel GmbH
Kalvarienbergstr. 22, 93491 Stamsried
Tel.: 0 94 66 / 94 04 0, Fax: 0 94 66 / 12 76
E-Mail: careline@voegel.com
Internet: www.care-line-verlag.de

Autor: Annette Mangstl
Redaktion: Eva Christian
Illustrationen: Peter Kornherr
Titelgestaltung: Marina Schwarzfischer
Gestaltung und Satz: Marina Schwarzfischer, Druck+Verlag Ernst Vögel GmbH

Inhaltsverzeichnis

Vorwort

Ein besonderes Anliegen in meiner Arbeit mit betroffenen Kindern ist es, mit ansprechenden Therapiematerialien ideale Lernbedingungen zu schaffen. So entstand, basierend auf meiner langjährigen therapeutischen Erfahrung, bereits mit dem ersten Band „LRS-Training mit Gustav Giraffe“ ein motivierendes Rechtschreib-Trainingsprogramm für Grundschulkinder. Die Beliebtheit von Gustav Giraffe bei Lehrern und Therapeuten, vor allem aber auch bei den betroffenen Kindern, zeigt mir, hierbei einen guten Weg gefunden zu haben, der den Bedürfnissen der Kinder entspricht.

Mit diesen beiden Bänden des „LRS-Training mit Gustav Giraffe“ liegt somit ein umfassendes, in sich systematisch konzipiertes Rechtschreib-Trainingsprogramm vor, das alle wichtigen Themenbereiche der Rechtschreibung umfasst. Grundlage der Rechtschreibvermittlung sind hierbei das synchrone Sprechen und Schreiben im Silbenrhythmus sowie die Beachtung der „Vokallänge“. In Band 1 wird diese Methode anhand von lautgetreuem Wortmaterial und den Regeln zur Mitlautverdopplung, ck und tz und den s-Lauten eingeübt. In Band 2 werden, darauf aufbauend, u. a. die Groß-/Kleinschreibung, der Themenbereich der Dehnung sowie die Strategien „Verlängern“ und „Ableiten“ trainiert.

Elementarer Teil der Konzeption ist hierbei die systematische Auswahl des Wortmaterials. Gemäß dem therapeutischen Prinzip „Arbeiten an der Null-Fehler-Grenze“ wird in jeder Station nur Wortmaterial verwendet, das aufgrund der vorherigen Stationen bereits mit hoher Wahrscheinlichkeit richtig geschrieben werden kann.

Von besonderer Bedeutung im vorliegenden Programm sind auch die Identifikationsfiguren und Geschichten rund um Gustav Giraffe und Zilli Zebra. Sie ermöglichen es den Kindern, sich der Rechtschreibung auf eine spielerische, motivierende Art zuzuwenden. Die Identifikation mit diesen beiden Figuren erleichtert den betroffenen Kindern die Akzeptanz ihrer Problematik und ermöglicht es ihnen, in die „Helfer-Rolle“ zu schlüpfen, was ihrem Selbstwertgefühl enorm zugute kommt. Durch das Sammeln von Gustavs verloren gegangenen „Flecken“ bzw. Zillis „Streifen“ entsteht zudem ein motivierender Anreiz, regelmäßig zu trainieren. So fließen in das vorliegende Trainingskonzept — neben den therapeutischen Grundsätzen eines systematischen Rechtschreibtrainings — psychologische und pädagogische Elemente ein.

So wünsche ich allen Lehrern und Therapeuten bei der Realisierung des Programms viel Freude. Allen Kindern wünsche ich, das Rechtschreiben mithilfe von Gustav Giraffe und Zilli Zebra wieder mit positiven Gefühlen verbinden zu können.

Starnberg, im Frühjahr 2009

Dipl.-Psych. Annette Mangstl

Lehrer und Therapeuten, die nähere Informationen wünschen oder sich die Durchführung der Trainingsprogramme in Wochenendseminaren intensiver erarbeiten und praktisch erproben möchten, können sich im Internet erkundigen oder sich per E-Mail direkt an die Autorin wenden: weiterbildung@wege-fuer-kinder.de, Internet: www.wege-fuer-kinder.de.

Teil 1

Einführung in das Training

Allgemeiner Hinweis

Dieser zweite Band des „LRS-Training mit Gustav Giraffe“ baut auf dem ersten Band auf und führt dessen Inhalte fort. Daher empfiehlt es sich, dass der Lehrer mit den Inhalten und der Durchführungsweise des ersten Bandes vertraut ist. Zudem ist es günstig, wenn auch die betroffenen Kinder zuerst den ersten Band durchlaufen haben, da die Strategien, vor allem das synchrone Sprechen und Schreiben im Silbenrhythmus, sowie die vermittelten Rechtschreibregeln (Mitlautverdopplung, Regeln zum ck, tz und den s-Lauten), die Grundlage für die Regeln und Strategien dieses zweiten Bandes sind.
Im Folgenden werden die theoretischen Hinweise zur Durchführung, die auch in Band 1 zu finden sind, zusammengefasst. Eine vertiefte Auseinandersetzung mit den Durchführungshinweisen ist Band 1 zu entnehmen.

Fördermöglichkeiten lese-rechtschreibschwacher Kinder

Kinder, die noch keine allzu gravierenden Lese-/Rechtschreibdefizite aufweisen oder noch nicht besonders unter ihren Schwächen leiden, sind in einer Gruppenförderung gut aufgehoben. So ist das vorliegende Trainingsprogramm für kleine Gruppen im Rahmen der schulischen oder therapeutischen Förderung konzipiert. Bestehen bei einem Kind jedoch so starke Defizite, dass davon ausgegangen werden muss, dass es innerhalb der Fördergruppe weit hinter den anderen Kindern zurück bleibt, sollte stattdessen eine Einzelförderung angestrebt werden, um dem Kind einen erneuten Misserfolg zu ersparen.
Kinder, die unter einer schwerwiegenden Lese-Rechtschreibstörung (Legasthenie) leiden und bereits Sekundärprobleme wie Selbstwertverlust, psychosomatische Beschwerden, etc. entwickelt haben, sollten nach Möglichkeit einzeltherapeutisch behandelt werden. Hierbei empfiehlt sich die Überweisung an professionelle Therapeuten (speziell ausgebildete Fachpersonen wie Diplom-Psychologen, Logopäden, Heilpädagogen o. ä., z. B. mit dem Titel „Dyslexietherapeut nach BVL®“).
Das vorliegende Trainingsprogramm ist — nach Modifikation einiger weniger Punkte — für den Einsatz in Einzeltherapien jedoch ebenfalls hervorragend geeignet. Gerade für Kinder, die stark unter ihren Defiziten leiden, bietet die Identifikation mit der Giraffe Gustav und dem Zebra Zilli einen motivierenden Rahmen für die einzeltherapeutische Behandlung (s. auch „Modifikation für die Einzeltherapie“).

Konzeption des Trainings

Zugrunde liegende wissenschaftliche Modelle

In der wissenschaftlichen Literatur gibt es verschiedene Modelle, die über die normale, störungsfreie Entwicklung des Schriftspracherwerbs berichten. Einige Autoren gehen dabei davon aus, dass sich der Schriftspracherwerb in verschiedenen Phasen vollzieht (s. auch Band 1).[1] Diese Einteilung in Rechtschreibstufen ermöglicht im therapeutischen Geschehen eine systematische Therapie, die individuell an den Leistungsstand des jeweiligen Kindes angepasst werden kann. Die Erfahrung zeigt, dass dieser phasenweise Aufbau der Rechtschreibförderung sehr gute Erfolge bringt, weshalb diese Grundannahmen auch die Basis für das vorliegende Trainingskonzept bilden.
Das verwendete Wortmaterial wurde systematisch ausgewählt. In jeder Station wird nur Wortmaterial verwendet, das aufgrund der vorherigen Stationen bereits mit hoher Wahrscheinlichkeit richtig geschrieben werden kann. Schritt für Schritt werden neue Rechtschreibregeln eingeführt, wodurch — daran angepasst — stetig neues Wortmaterial hinzukommt. Durch dieses „Arbeiten an der Null-Fehler-Grenze“ entsteht die Möglichkeit, die Misserfolgserwartung zu reduzieren und Kontrollierbarkeit zu erleben, was sich auf die emotionale Situation der betroffenen Kinder sehr positiv auswirken kann.

1 Siehe u. a. die Arbeiten von Frith (1986), Ehri (1997) und Scheerer-Naumann (1987).

Zugrundeliegende pädagogische und psychologische Prinzipien

Belohnungssystem

Dem Training liegt ein verhaltenstherapeutisches Verstärkersystem zugrunde, bei dem die Kinder für erwünschtes Verhalten „verstärkt" werden, indem sie eine „Belohnung" erhalten.
Nach dem Erledigen einer Übungsaufgabe zum Rechtschreiben (= erwünschtes Verhalten) dürfen sie einen Streifen des Zebras Zilli schwarz anmalen (= Belohnung). Die Streifen entsprechen den in anderen Kontexten meist verwendeten „Punkten" oder „Token".
Die Kinder werden dabei zum einen schon durch das Anmalen der Zebrastreifen innerhalb der Gruppensituation verstärkt, da hierbei ein sozialer Wettbewerb stattfindet. Zum anderen wird den Kindern am Ende des Trainings eine Belohnung in Form von „Preisen" in Aussicht gestellt, was durch die „Siegerehrung" einen weiteren Anreiz erhält. Dabei erhalten die Kinder eine Urkunde mit der Zahl der erreichten Zebrastreifen und sie können ihre „Zebrastreifen" in kleine Preise eintauschen.[2]
Die Anwendung solcher Verstärkersysteme stellt in therapeutischen Kontexten eine ausgesprochen wirkungsvolle und wissenschaftlich gut belegte Methode dar. Es sollte daher bei der Durchführung keinesfalls auf das Sammeln der Zebrastreifen verzichtet werden.

Modell-Lernen

Der Lehrer stellt für die teilnehmenden Kinder ein „Modell" dar, an dessen Verhalten sie sich orientieren. Diese Nachahmungseffekte werden therapeutisch genutzt. So können die Kinder den Lehrer beobachten und anschließend das Beobachtete in einer Übungseinheit selbst erproben und einüben.

Identifikationsprozesse

Durch die Einbettung der Trainingsinhalte in eine Rahmenhandlung und die daraus resultierende Identifikation mit Gustav und Zilli wird die Motivation der Kinder erhöht, am Training teilzunehmen und regelmäßig zu üben. Durch die Identifikation mit der Giraffe Gustav und dem Zebra Zilli können außerdem zum einen die (negativen) Gefühle des Zebras, wie Traurigkeit und Scham, in einem sicheren Rahmen erlebt und verarbeitet und zum anderen die Akzeptanz der eigenen Schwierigkeiten (Erleben von Misserfolgen, nicht gut schreiben können) erhöht werden. Zudem schlüpfen die Kinder in eine aktive „Helfer-Rolle", da das Zebra die Kinder um Hilfe bittet und die Unterstützung der Kinder benötigt.

Rahmenbedingungen des Trainings

Für eine erfolgreiche Durchführung des Trainings sollten folgende Rahmenbedingungen beachtet werden.

Teilnahmekriterien

Das Training wurde für Grundschüler konzipiert. Es kann daher ab Anfang/Mitte der zweiten Klasse bis zum Ende der vierten Klasse durchgeführt werden.
Eine wichtige Voraussetzung für die Teilnahme am Training ist eine ausreichende Lesefertigkeit der Kinder. Sollte dies nur eingeschränkt der Fall sein, muss der Lehrer durch Vorlesen unterstützend einwirken.
Die Entscheidung, ob die Teilnahme für ein Kind sinnvoll ist, oder ob eine andere Maßnahme förderlicher ist, sollte für jedes Kind einzeln abgewogen werden. Prinzipiell kann jedoch festgehalten werden, dass die Teilnahme an einem Gruppentraining nur für Kinder sinnvoll ist, die zumindest eine gewisse Chance haben, innerhalb der gewählten Gruppe Erfolge zu erzielen und mit dem Lernfortschritt der Gruppe mithalten zu können.

Zusammensetzung und Größe der Gruppe

Um einen optimalen Trainingserfolg gewährleisten zu können, sollten möglichst ähnliche Kinder in einer Gruppe untergebracht werden. Die Zusammensetzung der Gruppe sollte im Hinblick auf das Alter / die Klassenstufe, den Leistungsstand und die emotionale Belastung der Kinder möglichst homogen sein.
Die Gruppe sollte prinzipiell nicht zu groß sein (4–5 Kinder pro Gruppe, bei sehr schwachen Kindern nicht mehr als 3–4 Kinder). Auch mit einer größeren Gruppe ist das Training durchführbar, allerdings kann dann die Homogenität nicht mehr gewährleistet werden und auf das einzelne Kind kann nicht mehr individuell eingegangen werden. Außerdem ist zu bedenken, dass gerade die schwachen Kinder unter einer großen Gruppe am meisten leiden und in einer großen Gruppe den niedrigsten Trainingserfolg haben werden. Falls es nicht möglich sein sollte, kleinere Gruppen zu bilden, sollte ein Co-Trainer (Praktikant, Elternteil) hinzugenommen werden.

2 Nähere Informationen zum Thema „Preise" im Punkt „Belohnungen und Preise" (siehe S. 10).

Trainer

Der Trainer sollte über eine pädagogische und / oder psychologische Ausbildung sowie über Erfahrung mit Gruppen verfügen. Dies sind unter anderem Lehrer, Psychologen, Heilpädagogen oder ähnliche Berufsgruppen. Wichtig für die Durchführung ist eine souveräne Handhabung der Trainingsmaterialien und Sicherheit im Trainingsablauf. Daher wird dringend empfohlen, die einzelnen Gruppenstunden und die Trainingsprinzipien vor Trainingsbeginn gründlich zu lesen und vorzubereiten.

Setting

Das Training sollte in einem hellen, freundlichen, möglichst störungsfreien Raum durchgeführt werden, der auch genügend Platz für die Gruppenspiele bietet. Jedes Kind benötigt einen ausreichend großen Schreibplatz. Die Kinder sollten pünktlich zu den Trainingsstunden erscheinen, um Störungen zu vermeiden.

Struktur des Trainings

Das Training ist für 12 Gruppenstunden konzipiert, so dass es problemlos innerhalb eines Schulhalbjahres durchgeführt werden kann. Dabei sind eine Einführungs- und eine Abschlussstunde und zehn Stunden, in denen jeweils eine Rechtschreibregel oder -strategie intensiv geübt wird, vorgesehen. In der darauf folgenden Woche wird dieses Thema jeweils mithilfe von weiteren Übungsaufgaben („Zebra-Aufträge“) zu Hause vertieft.
Bezüglich der zeitlichen Planung einer Trainingsstunde ist mit 45—60 Minuten pro Trainingseinheit zu rechnen. Die Dauer einer Trainingsstunde hängt jedoch stark von der Größe und dem Leistungsstand der Gruppe ab, so dass keine eindeutigen Zeitangaben gegeben werden können.
Bei Bedarf können einzelne Elemente des Trainings gekürzt oder auch weggelassen werden. Wenn es nicht möglich sein sollte, die Trainingsstunde für 60 Minuten, sondern nur für 45 Minuten anzusetzen, die teilnehmenden Kinder jedoch viel Zeit für die Lösung der einzelnen Übungsaufgaben benötigen, bestehen Möglichkeiten zur „Straffung“ der Trainingseinheiten: Entspannungsspiel durch die „Mini-Entspannung“ ersetzen (siehe Station 2, S. 37) oder das entsprechende Auflockerungsspiel bzw. Abschlussspiel verkürzen / ausfallen lassen. Nicht verzichtet werden kann auf die Einführungsgeschichte, eine gründliche Besprechung der Rechtschreibregeln („Giraffentricks“), die Belohnung in Form des „Zebrastreifen-Einzeichnens“ und das Lösen von mindestens einem Zebra-Auftrag.

Hinweise zur Durchführung

Ablauf des Trainings

Aufbau der Trainingsstunden

Jede Trainingsstunde — abgesehen von der Einführungs- und der Abschlussstunde — ist nach einem fest vorgegebenen Ablauf strukturiert. Dies erleichtert den Kindern die Orientierung, erhöht ihre Mitarbeit und damit auch die Effektivität des Trainings. Zudem erleichtert es den Lehrern die Durchführung. Der Ablauf der einzelnen Stunden ist in den einzelnen Lehreranweisungen genau beschrieben.

Vorbereitung der Trainingsstunden

Bevor das Training zum ersten Mal durchgeführt wird, sollte Folgendes vorbereitet werden:

- Wenn das Training mit einer größeren Gruppe durchgeführt wird, sollten einige der Arbeitsblätter auf Folie kopiert und mit dem Overhead-Projektor an die Wand projiziert werden. Ist die Gruppe sehr klein oder steht kein Overhead-Projektor zu Verfügung, können diese Blätter auch auf normales weißes oder buntes Papier kopiert und evtl. laminiert werden.
- Die „Landkarte“ entweder auf Folie kopieren oder auf DIN A3 vergrößern.
- Die kleine Zebrafigur, die zur Landkarte gehört, ebenfalls auf Folie kopieren und ausschneiden, damit sie auf dem Overhead-Projektor Station für Station vorwärts bewegt werden kann.
- Für jedes Kind die Kopie einer solchen kleinen Giraffenfigur ausschneiden bzw. den Kindern zum Ausschneiden geben. Die Giraffenfigur kann, vor allem, wenn sie laminiert wurde, in ein kleines Stück Knetmasse gesteckt werden, damit sie wie eine Spielfigur auf der Landkarte bewegt werden kann.
- Symbol-Übersichtsblatt auf DIN A3 kopieren und gut sichtbar aufhängen.
- Alle Arbeitsblätter und Trainingsmaterialien kopieren.
- Evtl. alle Blätter mit Anweisungen für den Lehrer in einen Sichthüllen-Ordner geben, damit die Anweisungen kompakt und übersichtlich zur Verfügung stehen
- Alle Blätter für die Kinder, geordnet nach Trainingsstunden, in einem weiteren Ordner verstauen.

- Für jedes Kind einen Schnellhefter besorgen.
- Preise für die Siegerehrung am Ende besorgen und in einer „Schatzkiste" (z. B. mit Alufolie überzogene Schuhschachtel) verstauen.

Vor jeder Trainingsstunde sollte Folgendes vorbereitet und beachtet werden:
- Trainingsanleitungen genau durchlesen.
- Vorbereiten und Sortieren der benötigten Arbeitsblätter und Materialien.
- Alle Kopiervorlagen für die Kinder sollten bereits gelocht sein, damit sie von den Kindern abgeheftet werden können.

Handpuppen

Um das Training für die Kinder noch attraktiver und erlebnisreicher zu gestalten, bietet es sich an, Handpuppen (Giraffe und Zebra) zu verwenden. Diese Handpuppen erhöhen die Identifikation mit den Trainingsfiguren und die Motivation für das Training.[3]

Hinweise zur Methodik der Durchführung

Laute und Buchstaben

Es ist wichtig, darauf zu achten, dass immer lautiert und nie buchstabiert wird. Das heißt, der Buchstabe „M" wird als Laut „m" und nicht als „em" gesprochen, der Buchstabe „B" wird als Laut „b" und nicht „be" gesprochen.

Symbole

Die Symbole bei den Zebra-Aufträgen dienen der Orientierung und können immer wieder kurz erwähnt werden, z. B.: „Du siehst das Symbol ‚Partnerarbeit' und ‚Konzentrieren'. Also such dir für die Aufgabe einen Partner und pass besonders gut auf."
Eventuell können die Symbolkarten auch ausgeschnitten und dem Ablauf der Stunde entsprechend angezeigt werden (z. B. das Symbol-Übersichtsplakat vergrößern und mit einer Wäscheklammer immer das wichtigste Symbol markieren).

Landkarte

Die „Landkarte" dient der Orientierung, so dass die Kinder immer wissen, wo sie sich gerade befinden, was sie schon geschafft und welche Stationen sie noch vor sich haben. Dabei soll der Lehrer zu Beginn der Stunde immer zeigen, welche Station in der aktuellen Stunde besprochen wird. Die Kinder malen das Fähnchen der entsprechenden Station bunt an und stellen evtl. ihre kleine Giraffenfigur auf das Feld.

Zebra-Aufträge

Die „Zebra-Aufträge" sind Übungsaufgaben, mit denen die gelernten Regeln eingeübt und vertieft werden. Es gibt Zebra-Aufträge, die in der Trainingsstunde, und Zebra-Aufträge, die zu Hause erledigt werden.
Wenn ein Kind einen Zebra-Auftrag löst, hilft es dem Zebra Zilli, einen schwarzen Zebrastreifen zu bekommen, da für jeden gelösten Auftrag ein Streifen angemalt werden darf.
Die Symbole auf dem Zebra-Auftrag zeigen den Kindern, worauf sie besonders achten müssen.
Nachdem ein Auftrag erledigt wurde, überlegt sich das Kind immer, wie gut es damit zurechtgekommen ist und wie sehr es sich bemüht hat. Es malt im Sinne der Selbstverstärkung und -reflexion einen entsprechenden Mund in das Zebragesicht am Ende des Blattes.
→ KV 0.1 – Übersicht über die Zebra-Aufträge und bereits gesammelte Streifen als Kopie für den Lehrer

Anmalen von „Zebrastreifen"

Das Anmalen der Zebrastreifen bedeutet Verstärkung bzw. Belohnung für das Bemühen, eine Übungsaufgabe („Zebra-Auftrag") gut zu lösen. Wichtig ist dabei, dass die Zebrastreifen während der Trainingsstunde immer gleich nach dem Erledigen des Auftrages und die Zebrastreifen für die zu Hause gelösten Aufträge immer gemeinsam in der Gruppe angemalt werden. Während die Kinder die Zebrastreifen anmalen, sollten sie immer dafür gelobt werden, dass sie sich so gut bemüht haben. Wichtig dabei ist, dass die Kinder immer einen Zebrastreifen für ihr Bemühen und nicht für das Richtigmachen bekommen! Fehler sind also kein Hinderungsgrund für einen Zebrastreifen! Ein Grund, einmal keinen Zebrastreifen zu bekommen, wäre das Verweigern der Aufgabe oder extrem störendes und ablenkendes Verhalten während der Aufgabenlösung. Wenn ersichtlich ist, dass sich ein Kind bemüht hat, einen Auftrag zu erledigen, bekommt es den Zebrastreifen.
Zebrastreifen, die einmal erlangt wurden, können nicht wieder abgezogen werden. Es gibt in diesem Trainingsmodell keine Strafen. Sollte ein Kind den Trainingsablauf massiv stören, müsste über anderweitige Konsequenzen, z. B. den Ausschluss vom Training für diesen Tag, nachgedacht werden.

„Abenteuermappe"

Die Kinder führen eine „Abenteuermappe" (Schnellhefter, dünner Ordner), in der alle Arbeitsblätter enthalten sind. Sie nehmen diese Mappe mit nach Hause und bringen sie zu der nächsten Trainingsstunde wieder mit.

3 Handpuppen sind bei den Firmen „Folkmanis" oder bei „Living Puppets" und bei der Firma „Lang Handpuppen" erhältlich. Im Internet können diese Handpuppen z. B. unter www.daliono.de bezogen werden.

Loben und Umgang mit Fehlern

Der Schwerpunkt dieses Trainings liegt auf den richtig bearbeiteten Aufgaben und nicht auf den Fehlern. Wichtig ist, dass die Kinder sich angewöhnen, mit der „Silbensprache" (s. Band 1) zu schreiben und die Rechtschreibregeln und -strategien automatisiert anzuwenden.
Wenn Fehler auftreten, ist Folgendes von großer Bedeutung: Das Kind sollte auf keinen Fall durch negative nonverbale oder verbale Rückmeldungen „bestraft" werden („falsch", „Nein", „schon wieder ein Fehler" sagen, Augen verdrehen, stöhnen, enttäuschtes Gesicht). Das Kind sollte bei einem Fehler lediglich aufgefordert werden, das Wort noch einmal ganz deutlich in der „Silbenentensprache" zu sprechen, ganz genau hinzuhören und noch einmal an den Giraffentrick zu denken (Erklärungen hierzu siehe Band 1). Wenn das Kind das Wort nicht richtig ausspricht, kann der Lehrer das Wort noch einmal ganz deutlich und in der „richtigen" Technik der Silbensprache vorsprechen. Dabei ist es wichtig, die Silben ganz deutlich zu sprechen und bei doppelten Mitlauten den ersten Mitlaut am Ende der ersten Silbe zu sprechen, den zweiten Mitlaut am Anfang der zweiten Silbe („Som-mer", „Rie-se", „Ho-se", „Na-se", Rei-se"). Erkennt das Kind den Fehler auch dann noch nicht, erklären Sie ihm das Wort. Die Giraffenaufträge werden – je nach Gruppengröße – gemeinsam mit den Kindern besprochen, so dass die Kinder selbst Ausbesserungen machen können. Eine klassische Korrektur der Arbeitsblätter durch den Lehrer findet dagegen nicht statt.
Dagegen ist es unbedingt erforderlich, das Kind für alle richtig gemachten Aufgaben zu loben, indem ihm der Lehrer freundlich zunickt, ihm auf die Schulter klopft, bewundernde Worte sagt („Klasse!", „Toll", „Super", „Spitze", „Ich bin stolz auf dich!", o. ä.). Über das Rückmelden von richtig gemachten Aufgaben und das Loben werden Kinder enorm motiviert! Über das Rückmelden ihrer Fehler und über „Bestrafungen" (z. B. Schimpfen) werden Kinder dagegen sehr frustriert und demotiviert. Zudem trauen sie sich – da sie meist ohnehin schon sehr verunsichert sind – dadurch selbst nur noch weniger zu, was wiederum die Zahl der Fehler erhöht. So gehört das Loben (auch das Loben des „Sich bemühens"!) zu den elementaren Trainingsprinzipien und es sollte nicht zu kurz kommen!
Zudem sollten die Kinder dazu ermuntert werden, sich selbst zu loben und sich selbst zu freuen, wenn etwas gut geklappt hat. Eigenlob macht – zumindest im Rahmen dieses Trainings – selbstbewusster!

Methodik des Silbensprechens

Die Methode des synchronen Sprechens und Schreibens in Silben[4] ist ein elementarer Bestandteil des vorliegenden Trainings. Diese Technik wird in Band 1 von der Ente „Sonja Silbenente" eingeführt und trainiert, weshalb die „Silbenbögen" auch „Silbenentenbäuche" und das Silbensprechen „Silbenentensprache" genannt werden. Auch im vorliegenden Band sollen die Kinder diese Schreibweise beibehalten (ganz besonders in den Stationen 8 und 9 zur Verlängerung).

Mit dem synchronen Sprechen und Schreiben in Silben ist Folgendes gemeint:

- Das Kind spricht im Silbenrhythmus und schreibt dabei genau diejenige Silbe, die es spricht. So wird das lautgetreue Schreiben gesichert und die richtige Wortdurchgliederung erhöht.
- Das Kind spricht ganz deutlich und macht jeden Laut hörbar. Dazu gehören auch schwierige Endungen, wie z. B. „Mut-ter" und nicht „Mut-ta". Der Lehrer spricht ebenfalls laut und deutlich vor, so dass das Kind langsam ein Gespür für die richtige Aussprache bekommt.
- Besonders wichtig ist es, dass der Lehrer von Anfang an die Mitlautverdopplung im Sinne der sogenannten „Pilotsprache" (siehe auch Buschmann 1986) ausspricht, d. h. den ersten der beiden Doppelmitlaute zur ersten Silbe, den zweiten der beiden Doppelmitlaute zur zweiten Silbe spricht (Rat-ten, Was-ser, Hüt-te, aber Hü-te, Ha-se, Ro-se). Der lang klingende Selbstlaut soll extra lang gedehnt, der kurz gesprochene Selbstlaut bei der Mitlautverdopplung soll besonders kurz und schnell ausgesprochen werden.

Belohnungen und Preise

Am Ende des Trainings erhalten die Kinder im Rahmen der Siegerehrung eine Zebra-Urkunde und einen „Preis". Diese Preise sind kleine Belohnungen, die sich in einer Kiste befinden. Die Preise brauchen dabei keinen hohen materiellen Wert zu besitzen. Attraktive Preise sind beispielsweise Aufkleber, Gummibärchen, Jojos, Stifte, Seifenblasen, Lutscher, Trillerpfeifen, Schlüsselanhänger, etc.

Es gibt verschiedene Möglichkeiten zur Preisvergabe:

- Es kann einen „Hauptpreis" und verschiedene „Nebenpreise" geben. Dabei erhält der Sieger des Trainings den Hauptpreis, alle anderen Kinder einen der Nebenpreise. Sollten mehrere Kinder „Sieger" sein, müssten natürlich auch mehrere Hauptpreise zur Verfügung stehen.
- Es kann verschiedene Preise geben, die verschieden viele Zebrastreifen „kosten". Dabei könnten weniger attraktive Preise weniger Zebrastreifen kosten und attraktivere Preise mehr Zebrastreifen. Die Preise können dabei mit einem „Preis-

4 Nähere Informationen hierzu sieht unter anderem bei Buschmann (1986), Reuter-Liehr (2001) und Michael (2006).

schild“ versehen werden. Allerdings findet nicht jedes Kind jeden Preis gleich attraktiv.

- Es kann für jedes Kind denselben Preis geben (z. B. für jedes Kind ein Jojo). Allerdings freuen sich nicht alle Kinder über dieselben Dinge.
- Es kann ein gestaffeltes Preissystem geben: 64—60 Streifen ergeben den „Hauptpreis“, 50—60 Streifen den „Zweit-Preis“, 40—50 Streifen den „Dritt-Preis“ und weniger als 40 Streifen einen Trostpreis. Dabei könnten mehrere Preise in verschiedenen Kisten angeboten werden, sodass jedes Kind weiß, aus welcher Kiste es sich etwas aussuchen darf.

Es bleibt jedem Lehrer überlassen, welche Methode für welche Trainingsgruppe gut passt. Wichtig ist nur, dass die Kinder zu Beginn des Trainings wissen, wenn über das Thema „Preise“ gesprochen wird, wie die Preisvergabe am Ende des Trainings ablaufen wird. Auf diese Weise wird die Motivation möglichst hoch gehalten und Enttäuschungen können vermieden werden. Außerdem sollte berücksichtigt werden, wenn ein Kind aufgrund von mangelnder familiärer Unterstützung nur wenig Zebrastreifen sammeln kann. Diese Kinder sollten bei der Preisvergabe nicht benachteiligt werden.

Hinweise zu den „Hausaufgaben“ (Zebra-Aufträge für zu Hause)

Da das Wort „Hausaufgaben“ meist negativ besetzt ist, wird im Training stattdessen immer nur von „Zebra-Aufträgen“ gesprochen. Alle wichtigen Informationen zum Üben zu Hause sind im Informationsblatt für Eltern (KV 0.2 und 0.3, S. 13 f) nachzulesen.
Dabei ist zu beachten, dass kein Kind länger als 15 Minuten an einem Zebra-Auftrag arbeiten sollte. Hat ein Kind einen Auftrag in dieser Zeit den Auftrag nicht vollständig bearbeiten können, sollten die Eltern dies mit Hilfe einer Notiz vermerken. Auch für einen unvollständigen Zebra-Auftrag sollte dann ein Streifen vergeben werden.

Modifikationen für die einzeltherapeutische Verwendung

Das vorliegende Trainingsprogramm kann auch in der Einzelförderung eingesetzt werden. Dies ist vor allem für besonders rechtschreibschwache oder für emotional stark belastete Kinder sinnvoll. Prinzipiell kann das Training dabei nach dem gleichen Ablauf durchgeführt werden wie in der Gruppenförderung. Modifiziert werden müssen lediglich die Gruppenspiele und die Aufgaben in Partner- und Gruppenarbeit. Die Partner- und Gruppenaufgaben können dann zusammen mit dem Lehrer gemacht werden. Die Gruppenspiele können entweder zu zweit mit dem Lehrer gespielt werden oder aber durch Einzelspiele ersetzt werden. Geübte Lehrer bzw. Therapeuten verfügen zudem sicher über einen großen Fundus an passenden Spielen, die zu zweit gespielt werden können.
Bei besonders leistungsschwachen Kindern sollten die einzelnen Inhalte des Trainings jeweils etwas länger behandelt werden. So wird auch die Lösung der einzelnen Zebra-Aufträge bei einem leistungsschwachen Kind sicher mehr Zeit in Anspruch nehmen, so dass pro Stunde ohnehin nur ein Auftrag gelöst werden kann, und es werden mehr Wiederholungen der Rechtschreibregeln notwendig sein, bis diese beherrscht werden. Daher kann eine Trainingsgruppenstunde in etwa auf zwei Einzelstunden verteilt werden.

Elternarbeit

Die umfassende Information der Eltern ist für ein erfolgreiches Training mit langfristigen Verbesserungen wichtig. Da die Kinder auch zu Hause Übungsblätter bearbeiten sollen, ist die Bereitschaft der Eltern, ihr Kind zu unterstützen und zu begleiten, unerlässlich. Bei manchen Übungsblättern ist auch die direkte Hilfe der Eltern (Vorlesen der zu schreibenden Wörter) notwendig. So ist es unbedingt empfehlenswert, den Eltern eine Einführung in die Trainingsinhalte zu geben und sie zur „Mitarbeit“ anzuregen. Dies kann in Form von Einzelgesprächen oder eines gemeinsamen Elternabends erfolgen. Dabei sollten die Ziele des Trainings, die Rahmenhandlung zu Gustav Giraffe und Zilli Zebra, die Trainingsbestandteile, der Aufbau einer Trainingseinheit sowie die trainierten Rechtschreibregeln erklärt und anhand der Kopiervorlagen veranschaulicht werden.
Das Infoblatt für Eltern (→ KV 0.2 und 0.3) enthält wichtige Punkte zur Unterstützung der Kinder, weshalb es unbedingt an alle Eltern verteilt werden sollte.

KV 0.1

Übersicht über die Trainingsinhalte und die gesammelten Zebra-Aufträge

Bitte tragen Sie in jeder Trainingsstunde für jedes einzelne Kind die aktuelle Anzahl der gesammelten Zebra-Streifen ein (in Abhängigkeit davon, wie viele Zebra-Aufträge zu Hause durchgeführt wurden).

Falls aus Zeitgründen nur einer der beiden Aufträge durchgeführt wurde, bitte im Feld „Zebra-Aufträge“ markieren.

		Zebra-Aufträge		Namen der Kinder				
Station	Trainingsinhalt	in der Stunde	zu Hause					
1	Einführungsstunde	–	–					
2	Groß-/Kleinschreibung (Teil 1)	1–2	3–6					
3	Groß-/Kleinschreibung (Teil 2)	7–8	9–12					
4	Dehnung: ie (Teil 1)	13–14	15–18					
5	Dehnung: ie (Teil 2)	19–20	21–24					
6	Dehnung: Dehnungs-h, silbentrennendes h (Teil 1)	25–27	28–32					
7	Dehnung: Dehnungs-h, silbentrennendes h (Teil 2)	33–34	35–38					
8	Strategie „Verlängern“ (Teil 1)	39–40	41–44					
9	Strategie „Verlängern“ (Teil 2)	45–46	47–50					
10	Strategie „Ableiten“ bei e/ä, eu/äu	51–52	53–56					
11	Wortbausteine, Merkwörter	57–58	59–62					
12	Fingertipps, Abschlussstunde	63–64	–					

KV 0.2 – 0.3

Informationen zum Rechtschreib-Training „Gustav Giraffe und Zilli Zebra im Land der Schreibis“

Liebe Eltern,

Ihr Kind nimmt an einem systematisch aufgebauten Rechtschreibtraining teil. Diese Informationen sollen Ihnen helfen, Ihr Kind dabei bestmöglich zu unterstützen. Durch Ihre Mitarbeit und Hilfe kann Ihr Kind noch mehr von dem Training profitieren und langfristige Verbesserungen erzielen.

Ich danke Ihnen für Ihre Unterstützung!

Wie können Sie Ihr Kind unterstützen?

Die Teilnahme Ihres Kindes am Training kann nur dann den bestmöglichen Erfolg zeigen, wenn Ihr Kind regelmäßig erscheint und zusätzlich zu Hause übt. Hierfür erhält Ihr Kind pro Woche vier Übungsaufgaben („Zebra-Aufträge“), von denen so viele wie möglich zu Hause erledigt werden sollten.

In welcher Form soll zu Hause geübt werden?

Die zu übenden Zebra-Aufträge finden Sie jeweils in der Trainingsmappe. Einige dieser Arbeitsblätter können von den Kindern alleine bearbeitet werden, bei anderen wird die Hilfe eines Erwachsenen benötigt. Bei diesen Zebra-Aufträgen (mit dem „Helfer-Symbol“) sollen dem Kind bestimmte Wörter diktiert werden. Auf einem gesonderten Blatt sind die zu schreibenden Wörter für die einzelnen Tage aufgelistet.

Wie oft sollte geübt werden?

In jeder Trainingsstunde erhält das Kind vier Zebra-Aufträge für zu Hause. Das bedeutet, dass an jedem weiteren Werktag, außer dem Tag, an dem das Training bereits stattgefunden hat, geübt werden sollte. Am Anfang des Blattes soll das Kind bei „Tag 1/2/3/4“ den jeweiligen Wochentag eintragen. Selbstverständlich können die Zebra-Aufträge in Ausnahmefällen auch am Wochenende durchgeführt werden, es ist allerdings förderlicher, wenn das Wochenende zur Erholung frei bleibt. Wenn das Kind vom Schultag und den zu erledigenden Hausaufgaben allerdings schon sehr erschöpft ist, sollte es nicht mehr zur Erledigung der Aufträge gedrängt werden.
Wichtig ist, dass das Kind regelmäßig übt. Die vier Aufträge sollten auf mehrere Tage verteilt werden. In den meisten Fällen werden die Kinder nicht alle vier Aufträge erledigen, sondern maximal 2–3. Dies ist in Ordnung! Wichtig ist, dass sich die Kinder eine gewisse Regelmäßigkeit des Übens aneignen.
Das Kind sollte nicht mit Druck zum Üben gebracht werden. Es sollte eine möglichst hohe Eigenverantwortung für das regelmäßige Üben entwickeln. Erinnern Sie Ihr Kind zwar immer wieder an das Üben und bieten Sie Unterstützung an („Wann soll ich dir heute bei deinem Zebra-Auftrag helfen? Ich bin gespannt, ob du heute wieder so ein toller Zebra-Helfer bist!“), drängen Sie es aber nicht dazu. Wenn das Kind nicht geübt hat, könnten Sie es daran erinnern (z. B. „Schade, heute konnte Zilli keinen neuen Zebrastreifen bekommen. Aber morgen klappt es bestimmt.“).

Wie lange sollte geübt werden?

Das Kind sollte nicht länger als 15 Minuten (bei guter Konzentration) an einem Auftrag arbeiten. Wenn diese Zeitgrenze überschritten ist, sollte die Übung beendet werden. Dies sollte mit einer Notiz auf dem Zebra-Auftrag festgehalten werden.

Was ist beim Üben besonders wichtig?

Wenn möglich, sollten Sie Ihr Kind beim Lösen der Zebra-Aufträge bei Schwierigkeiten unterstützen.

Achten Sie darauf, dass das Kind immer im Silbenrhythmus spricht und synchron dazu im Rhythmus der Silben schreibt. Wichtig ist auch, dass das Kind den jeweils gelernten Trick (Rechtschreibregel) anwendet und jedes Wort mithilfe der Tricks schreibt und überprüft. Lassen Sie sich den jeweils neuen Zebra-Trick von Ihrem Kind erklären (siehe Trainingsmappe). Nach der Bearbeitung eines Auftrags überlegt sich das Kind, wie gut die Bearbeitung geklappt hat und malt einen entsprechenden Mund in das Zebragesicht ein. Seien Sie dabei nicht zu streng und lassen Sie die Einschätzung Ihres Kindes zu! Die

Zebrastreifen werden jedoch immer erst in der folgenden Trainingsstunde zusammen mit dem Lehrer eingezeichnet.

Wie sollte man mit Fehlern umgehen?

Der Schwerpunkt dieses Trainings liegt auf den richtig bearbeiteten Aufgaben und nicht auf den Fehlern. Wenn Fehler auftreten, ist Folgendes von großer Bedeutung: Bitte „bestrafen" Sie Ihr Kind nicht, indem Sie sagen „falsch", „nein", „schon wieder ein Fehler", etc.! Fordern Sie das Kind einfach freundlich auf, das Wort noch einmal ganz deutlich im Silbenrhythmus zu sprechen, ganz genau hinzuhören und noch einmal an den Giraffentrick zu denken.

Loben Sie das Kind für alle richtig gemachten Aufgaben, indem Sie ihm freundlich zunicken, ihm auf die Schulter klopfen, bewundernde Worte sagen („Klasse!", „Toll", „Super", „Spitze", „Ich bin stolz auf dich!", o. ä.). Über das Rückmelden von richtig gemachten Aufgaben und das Loben werden Kinder enorm motiviert! Über das Rückmelden ihrer Fehler und über „Bestrafungen" (z. B. Schimpfen) werden Kinder dagegen sehr frustriert und demotiviert. Dadurch trauen sie sich selbst nur noch weniger zu, was wiederum die Zahl ihrer Fehler erhöhen kann.

Was ist zu tun, wenn mein Kind einen Trainingstermin verpasst?

Wenn ein Kind krank ist oder aus einem anderen wichtigen Grund einen Trainingstermin nicht wahrnehmen kann, sollte versucht werden, die Inhalte der Stunde nachzuholen, da das Training einen systematischen Aufbau hat und eine fehlende Trainingsstunde dem Kind die weiteren Erfolge erschwert.

Erwarten Sie nicht zu viel von Ihrem Kind!

Ihr Kind hat eventuell über viele Jahre hinweg Misserfolge beim Rechtschreiben erlebt. Lassen Sie Ihrem Kind daher Zeit, sich zu verbessern und erwarten Sie keine schnellen „Wunder" von dem Training oder glänzende Diktatnoten von Ihrem Kind! Mit dem Training soll das Kind wieder einen positiven Zugang zum Schreiben finden. Wenn dies eintritt, ist das bereits ein großer Erfolg! Wenn das Kind in den im Training geübten Bereichen langsam, aber sicher kleine Verbesserungen erzielt, hat Ihr Kind eine große Leistung vollbracht. Freuen Sie sich dafür mit Ihrem Kind! Loben Sie es dafür und erkennen Sie seine Leistung an. Loben ist der Schlüssel zum Erfolg!

Gustav Giraffe und Zilli Zebra wünschen Ihnen, ...

dass Ihr Kind wieder einen positiven Zugang zum Schreiben findet und Sie viele positive gemeinsame Momente mit Ihrem Kind beim Üben erleben werden!

Teil 2

Leitfaden für Lehrer

Station 1: Einführungs- und Wiederholungsstunde

Gustav Giraffe begegnet Zilli Zebra

Trainingsschwerpunkte
- Einführung in das Training
- Trainingsvereinbarungen
- Kennenlernen der Trainingsprinzipien
- Wiederholung der Rechtschreibregeln aus Band 1

Begrüßung

Der Lehrer begrüßt die Kinder zum Trainingsprogramm:

Hallo! Wir treffen uns heute zum ersten Mal zu einer ganz besonderen Reise ins Land der Schreibis. Manche von euch kennen sich vielleicht schon sehr gut aus, weil sie Gustav Giraffe bereits kennen gelernt haben. Wer von euch kennt Gustav denn bereits?

Wenn Kinder dabei sind, die den ersten Trainingsteil schon durchlaufen haben, bittet der Lehrer, von Gustav zu berichten.

Genau. Gustav Giraffe ist ein Giraffenkind mit ... Jahren (Alter entsprechend dem Alter der Kinder anpassen). Er geht in die Tierkinderschule und war früher immer fröhlich und glücklich, bis er eines Tages seine Flecken verloren hat. Was glaubt ihr: Warum hat er wohl seine Flecken verloren?

Ideen der Kinder sammeln.

Einführungsgeschichte Teil 1: Gustav Giraffe lernt Zilli Zebra kennen

Der Lehrer liest die Einführungsgeschichte vor oder erzählt sie frei nach.
→ KV 1.1 als Kopie für den Lehrer
→ KV 1.2 als Folie auf OHP
→ KV 1.3 als Folie auf OHP

Kennenlernspiel „Ich bin stolz auf mich!“

Zum Kennenlernen stellt sich jedes Kind vor und benennt etwas, worauf es stolz ist. Der Lehrer beginnt: „Ich heiße ... und bin stolz auf mich, weil ich ...“ Hierbei dient der Lehrer als Modell. Er sollte dabei eine Persönlichkeitseigenschaft oder eine besondere Fähigkeit nennen, nicht aber schulische Leistungen (=> außerschulische Ressourcen stärken!). Nach jedem Kind bedankt sich der Lehrer und gibt ihm ein kurzes, positives Feedback, wie z. B. „Darauf kannst du aber wirklich stolz sein. Das ist eine tolle Eigenschaft / Leistung. Vielen Dank, dass du uns das erzählt hast.“

Pädagogischer Hinweis:
Kinder, die anhaltenden schulischen Misserfolgen ausgesetzt sind, finden manchmal nichts mehr, worauf sie stolz sind. Daher ist es besonders wichtig, dass jedes Kind etwas benennt. Hierbei kann der Lehrer unterstützend wirken und das Kind auf etwas hinweisen, das es gut kann.

Einführungsgeschichte Teil 2: Gustav Giraffe lernt Zilli Zebra kennen

Der Lehrer setzt die Einführungsgeschichte fort.
→ KV 1.4 als Kopie für den Lehrer
→ KV 1.5 als Folie auf OHP
→ KV 1.6 als Folie auf OHP

Zebra-Bitte: „Hilfst du mir?“

Der Lehrer richtet Zillis Bitte mithilfe der Kopiervorlage an die Kinder. Nach dem Lesen des Textes werden die Reaktionen der Kinder besprochen und die Kinder motiviert, Zilli zu helfen.
→ KV 1.7 als Folie auf OHP

Zebra-Abmachung: „Ich helfe dir!“

Der Text der Kopiervorlage wird gemeinsam gelesen und besprochen. Die Kinder unterschreiben die Abmachung und markieren sie mit einem persönlichen Zeichen, wie z. B. ihrem Fingerabdruck.

Da hier das Thema der Preise erstmals angesprochen wird, sollte der Lehrer das Prinzip der Preisvergabe an dieser Stelle erklären und eventuell einen kleinen Blick in die „Schatzkiste“ erlauben. (Die Methodik der Preisvergabe sollte genau bedacht und geregelt sein. Weitere Hinweise unter „Methodik der Durchführung“ in Band 1, S. 13 ff.)
→ KV 1.8 als Kopie für jedes Kind sowie als Folie auf OHP

Verteilen der Abenteuermappen

Die Kinder erhalten einen Schnellhefter oder dünnen Ordner, in dem sie alle Trainingsmaterialien sammeln sollen. Die „Zebra-Abmachung" wird nun bereits abgeheftet.

Wiederholung der Rechtschreibregeln aus Band 1

Nun werden die Rechtschreibregeln aus dem ersten Band noch einmal kurz wiederholt. Es ist sehr förderlich, wenn die Kinder das Trainingsprogramm des ersten Bands bereits durchlaufen haben und die besprochenen Regeln gut kennen.

Der Lehrer präsentiert die Giraffentrick-Blätter des ersten Bandes noch einmal und spricht im Namen Gustavs, der dem Zebra Zilli die Regeln erklärt.
→ KV 1.9 als Kopie für den Lehrer
→ KV 1.10 als Folie auf OHP
→ KV 1.11 als Folie auf OHP
→ KV 1.12 als Folie auf OHP
→ KV 1.13 als Folie auf OHP

Nähere Erläuterungen zum Sprechen in der „Silbenentensprache" finden sich im Band 1, Stationen 3–5.

Im Anschluss daran bekommt jedes Kind KV 1.13 ausgehändigt und erhält den Auftrag, sich selbst als Zebra-Helfer neben Zilli Zebra zu malen. Dieses Blatt dient nun als Deckblatt der Abenteuermappe.
→ KV 1.13 als Kopie für jedes Kind

Abschlussspiel „Zilli Zebra und Gustav Giraffe"

Die Kinder sollen lustige Tiernamen erfinden, die mit demselben Buchstaben wie der Name des Tieres beginnen. Der Lehrer beginnt, die Kinder nennen – in hoher Geschwindigkeit – reihum witzige Namen, bis ihnen nichts mehr einfällt und ein neues Tier gewählt wird. Dabei darf während des ganzen Spiels kein Vorname zweimal genannt werden, sonst scheidet dieses Kind aus. Gespielt werden kann z. B. mit: Tiger (z. B. Thomas Tiger, Teo Tiger, Tara Tiger), Flamingo (z. B. Fritzchen Flamingo, Florian Flamingo, Feodora Flamingo, Frederike Flamingo), Delfin, Affe, Braunbär, Eisbär (Namen beginnen mit "ei"!), Eule, Löwe, Gepard, Kaninchen, Hund, Pfau, Marienkäfer, etc.

Pädagogischer Hinweis:
Mit diesem Spiel werden folgende Fähigkeiten trainiert:

- Schnelles Abrufen und Benennen von Wörtern und Namen
- Erkennen gleich klingender Laute
- Gedächtnisprozesse (Zwischenspeichern der bereits genannten Namen)
- Aufmerksamkeit

KV 1.1

Einführungsgeschichte Teil 1: Gustav Giraffe lernt Zilli Zebra kennen

Ich werde euch erzählen, wie das mit Gustavs Flecken geschehen konnte. Gustav hat beim Schreiben immer sehr viele Fehler gemacht. Kaum ein Wort hat er richtig geschrieben! Deshalb wurde er auch immer wieder ausgelacht und geschimpft. Das hat ihn so traurig gemacht, dass er alle seine schönen Flecken, auf die er doch so stolz war, verloren hat. Seht ihr, wie traurig er war?

→ **KV 1.2 als Folie auf OHP**

Als auch noch sein letzter kleiner Fleck verschwunden war, hat er beschlossen, das Land der Schreibis zu suchen. Denn die Wesen aus dem Land der Schreibis kennen tolle Tricks, damit das Richtig-Schreiben besser klappt. Dort hat er dann den Kleinen Schreibikönig, Sonja Silbenente, die Zwillingszwerge und noch viele andere Wesen kennen gelernt.

→ **KV 1.3 als Folie auf OHP**

Wie ihr seht, hat Gustav bis zum Ende seiner Reise alle seine Flecken wieder zurück bekommen! Das hat er nur mit Hilfe eines tollen Helfers geschafft, der Gustav bei seiner Reise begleitet und für ihn ganz viele Giraffen-Aufträge gelöst hat. Denn für jeden Giraffen-Auftrag, der von seinem Helfer erledigt wurde, bekam Gustav wieder einen Flecken zurück. Heute kann er schon sehr gut schreiben und ist wieder eine glückliche, stolze Giraffe. Besonders stolz ist er aber auf seine neuen Flecken.
Worauf seid ihr stolz? Was könnt ihr gut?

KV 1.2

Gustav war traurig

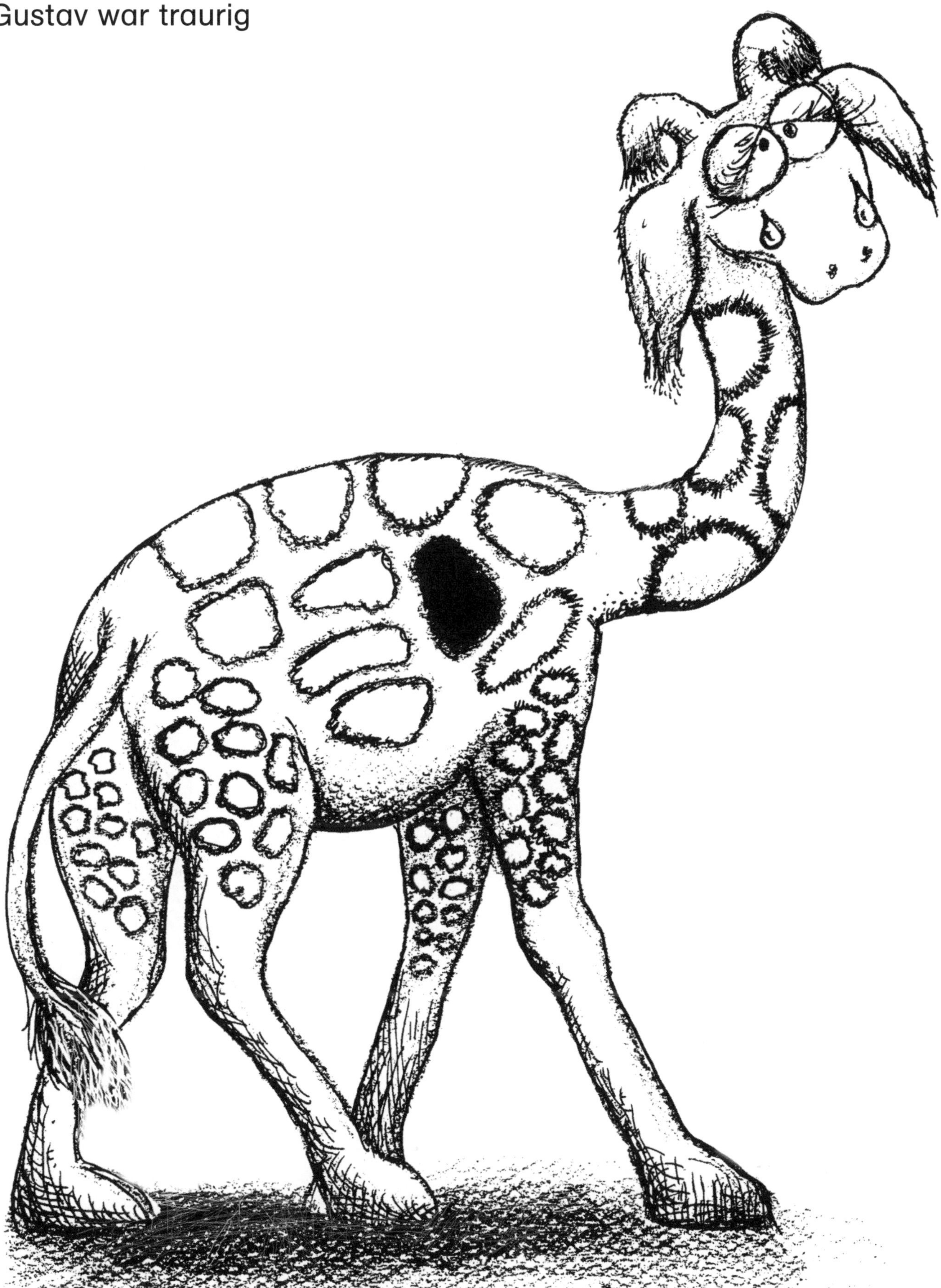

Gustav war im Land der Schreibis

KV 1.4

Einführungsgeschichte Teil 2: Gustav Giraffe lernt Zilli Zebra kennen

Gerade spielt Gustav im Park fröhlich mit anderen Tierkindern. Da sieht er auf einer abseits gelegenen Bank ein kleines, weißes Pferd sitzen. „Eigenartig“, denkt sich Gustav. „Ein Pferd, das so komisch aussieht, habe ich noch nie gesehen. Es ist ganz weiß, hat aber dünne schwarze Linien und eine ganz kurze Mähne. So ein Pferd gibt es doch gar nicht! Und außerdem sieht dieses Pferd so traurig aus! Ich werde einmal nachsehen.“ Und schon läuft Gustav zu dem ungewöhnlichen Tier.

→ **KV 1.5 als Folie auf OHP**

„Hallo! Ich heiße Gustav Giraffe. Und du?“ Das Tier zögert, seinen Namen zu nennen. „Ich heiße Zilli Zzzz ... hm ... Na ja, Zilli Zzzzebra!“ „Oh!“, staunt Gustav. „Aber Zebras haben schwarze Streifen! Wo sind denn deine Streifen? Und warum bist du so traurig?“ „Ja, das ist es ja gerade! Wegen den Streifen ... Ich hatte viele wunderschöne, glänzend schwarze Streifen, musst du wissen. Aber nun ... sind sie weg“, antwortet Zilli und lässt den Kopf hängen.

→ **KV 1.6 als Folie auf OHP**

„Oh, dieses Gefühl kenne ich!“, ruft Gustav erstaunt. „Weißt du, Zilli, mir ist es vor Kurzem genauso gegangen! Alle meine wunderschönen Flecken waren verschwunden! Ich habe mich so geschämt, dass ich mich nicht mehr unter die Giraffen getraut habe! Und das alles nur wegen der Rechtschreibfehler. ... Kannst du etwa auch nicht so gut schreiben?“ – „Ja, genau das ist mein Problem! Ich mache so viele Fehler, immer und immer wieder! Und auch das viele Üben hilft nichts. Und umso trauriger ich wurde, desto mehr Streifen sind verschwunden. Hast du etwa eine Idee, wie ich meine Streifen zurückbekommen kann?“ – „Na klar habe ich eine Idee, Zilli! Ich begleite dich ins Land der Schreibis! Dort wirst du viele interessante und lustige kleine Wesen kennen lernen, von denen dir jedes einen besonderen Trick verraten kann! Damit geht das Schreiben viel leichter!“ – „Oh ja!“, ruft Zilli erfreut. „Komm, lass uns gleich los gehen!“ – „Hm, ein kleines Problem gibt es noch. Du brauchst, ebenso wie ich damals, einen Helfer, der die Reise gemeinsam mit dir antritt und für dich Zebra-Aufträge lösen wird! Denn mit jedem erledigten Zebra-Auftrag erhältst du einen deiner schönen, glänzendschwarzen Streifen zurück! Hast du eine Idee, wer dir dabei helfen könnte?“

Zilli überlegt ein wenig und da fällst ihr DU ein!

KV 1.5

Gustav Giraffe und Zilli Zebra

KV 1.6

Zilli Zebra erinnert sich …

KV 1.7

Zebra-Bitte: Hilfst du mir?

Hallo!

Du hast ja schon gehört, was bei mir so alles los ist. Ich bin wirklich ganz schön traurig, denn ich bekomme das mit dem Schreiben einfach nicht so richtig hin. Und das Allerschlimmste (du hast es ja sicher schon gesehen) ist, dass ich meine Streifen verloren habe! Und alles nur, weil ich so traurig bin …

Gustav Giraffe wird mich ins Land der Schreibis begleiten. Aber damit ich wirklich schnell besser werden kann, brauche ich einen Freund, der mir dabei hilft! Jemanden, der sich mit mir die Zebra-Tricks merkt und der viele Zebra-Aufträge für mich lösen wird.

Weißt du, ich brauche DICH ganz dringend!

Deshalb frage ich dich: Möchtest du mir helfen?
Das würde mich riesig freuen!

Deine Zilli Zebra

KV 1.8

Zebra-Abmachung: Ich helfe dir!

Ich, ____,

werde dich, Zilli Zebra, auf deiner Reise durch das Land der Schreibis begleiten und dir helfen. Du sollst besser schreiben lernen und nicht mehr so traurig sein. Deshalb werde ich immer gut aufpassen und mir alle Zebra-Tricks, die du von Gustav Giraffe bekommst, merken.

Ich verspreche dir, deine Zebra-Aufträge, die du auch von Gustav Giraffe bekommst, zu Hause immer sorgfältig zu lösen. So bekommst du wieder viele schöne Streifen. Denn wenn man beim Schreiben richtig gut werden will, muss man viele Zebra-Aufträge erledigen und immer gut üben! Du kannst dich darauf verlassen: Ich helfe dir!

Du versprichst, dass du mich am Ende der Reise durch das Land der Schreibis mit einem Preis belohnen wirst. Deine Zebrastreifen kann ich dann gegen einen Preis eintauschen.

Wir werden viele gemeinsame Abenteuer im Land der Schreibis bestehen und gute Freunde werden.

Dein(e) ____________________________

(Fingerabdruck oder persönliches Kennzeichen)

KV 1.9

Gustav erklärt die Zebra-Tricks

Gustav überlegt gemeinsam mit Zilli: „Nun hast du einen Helfer gefunden, Zilli! Das ist fein! Wir können gleich heute Nacht ins Land der Schreibis gehen! Zuvor möchte ich dir jedoch noch von den Wesen erzählen, die ich selbst auf meiner Reise kennen gelernt habe!

Damals hat mir der Kleine Schreibikönig den Weg gezeigt, den ich gehen musste. Zuerst bin ich Bibbi Buchstabiene und Laurenz Lautini begegnet, die mir etwas über die Buchstaben und die Laute erzählt haben. Weißt du, die Laute klingen nämlich, und die Buchstaben sind die Bilder von den Lauten. Wenn du ein „e“ klingen hörst, kannst du auch das Bild von dem „e“ schreiben, das sieht so aus.

(Der Lehrer schreibt das „e“ an die Tafel.)

Kurz darauf hat mich Sonja Silbenente erwartet, die mir beigebracht hat, wie die Silbenentensprache geht. Sie hat mir gezeigt, dass man immer in der Silbenentensprache mitsprechen muss, wenn man etwas richtig schreiben will.

(Der Lehrer demonstriert das Mitsprechen in Silben während des Schreibvorgangs.)

Das Mitsprechen in der Silbenentensprache hat mir sehr dabei geholfen, richtig zu schreiben. Das mach ich jetzt immer. Sicher kannst du es auch üben, Zilli!“ – „Ja, das werde ich machen, Gustav!“, freut sich Zilli.

(An die Kinder gerichtet:) Wer von Euch wendet die Silbenentensprache auch an?

Gustav erzählt weiter: „Als ich die Silbenentensprache gut beherrschte, hat mich Sonja zu den Zwergen geschickt. Zwei lustige Zwerge haben mir den Trick mit den Zwillingszwergen gezeigt.

→ **KV 1.10 als Folie auf OHP**

Aber auch die Tricks mit den Geschwisterzwergen waren interessant!

→ **KV 1.11 als Folie auf OHP**

Dann habe ich noch Samuel, den scharfen Zwerg, kennen gelernt, der mir die s-Laute (s, ß und ss) erklärt hat.

→ **KV 1.12 als Folie auf OHP**

Zum Abschluss hat mich der Kleine Schreibikönig in sein Schloss eingeladen. Es war sehr schön im Land der Schreibis und ich freue mich, dass ich es dir nun zeigen kann! Sollen wir uns auf den Weg machen, Zilli? Wir müssen nur einschlafen und uns ganz fest dort hin träumen.“ – „Also gut, los geht's! Hurra!“, freut sich Zilli Zebra. Und schon sind die beiden im Land der Schreibis!

Und stellt euch vor, wer die beiden dort schon erwartet: der Kleine Schreibikönig! „Gustav, da bist du ja wieder! Was für eine Freude, dich wiederzusehen!“ – „Hallo, Schreibikönig! Schau nur, ich habe eine Freundin mitgebracht: Zilli Zebra.“ – „Herzlich Willkommen, Zilli! Und du hast auch schon einen Helfer gefunden. Das ist spitze! Nun zeige ich euch den Weg, den ihr gehen müsst! Wir alle werden dir helfen, Zilli, beim Schreiben besser zu werden und deine Streifen zurück zu bekommen.“

→ **KV 1.13 als Folie auf OHP**

Wohin der Weg sie führen wird, erfahren wir aber erst beim nächsten Treffen.

KV 1.10

Wiederholung der Regeln aus Gustavs Reise – Die Zwillings- und die Einzelzwerge

Unser Trick für dich:
Sprich immer deutlich in
der Silbenentensprache!

Zwillingszwerge

Hüt te

Selbstlaut kurz gesprochen: 2 Mitlaute

Sprich in der Silbenentensprache:
Hörst du zwischen den Silben 2 Mitlaute? Dann schreibe 2 Mitlaute!

Einzelzwerge

Hü te

Selbstlaut langsam gesprochen: 1 Mitlaut

Sprich in der Silbenentensprache:
Hörst du zwischen den Silben nur 1 Mitlaut? Dann schreibe 1 Mitlaut!

KV 1.11

Wiederholung der Regeln aus Gustavs Reise – Die Geschwisterzwerge

Unser Trick für dich: Das ck gehört zu den Geschwisterzwergen!

Geschwisterzwerge

Wenn der Selbstlaut **schnell** gesprochen wird, sprichst und hörst du

k k Da~~k~~ **kel**

aber du schreibst

c k Da**c** **kel**

Sprich in der Silbenentensprache: Hörst du zwischen den Silben

k k dann schreibe **c k** !

Einzelzwerge

Wenn der Selbstlaut **langsam** gesprochen wird und du nur **ein k** hörst, schreibst du nur **ein k**!

k Pa **ket**

Und außerdem: Wenn **vor** dem **k** ein **r**, **m**, **l** oder **n** steht, gehört das Wort auch zu den Einzelzwergen!

Merke dir: **R**ote **M**äuse **l**achen **n**ie!

Wo**l** **ke** de**n** **ken**

Gu**r** **ke** I**m** **ker**

Unser Trick für dich: Das tz gehört zu den Geschwisterzwergen!

Geschwisterzwerge

Wenn der Selbstlaut **schnell** gesprochen wird, sprichst und hörst du

z z Ka~~z~~ **ze**

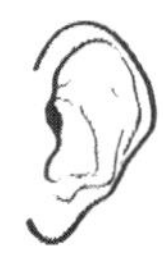

aber du schreibst

t z Ka**t** **ze**

Sprich in der Silbenentensprache: Hörst du zwischen den Silben

z z dann schreibe **t z** !

Einzelzwerge

Wenn der Selbstlaut **langsam** gesprochen wird und du nur **ein z** hörst, schreibst du nur **ein z**!

z Wei **zen**

Und außerdem: Wenn **vor** dem **z** ein **r, m, l** oder **n** steht, gehört das Wort auch zu den Einzelzwergen!

Merke dir: **R**ote **M**äuse **l**achen **n**ie!

Ke**r** **ze** Pfla**n** **ze**

Pi**l** **ze**

KV 1.12

Wiederholung der Regeln aus Gustavs Reise – Die scharfen Zwerge

Einzelzwerge

Wenn der Selbstlaut **langsam** gesprochen wird und du zwischen den Silben **nur ein s** hörst, schreibst du **s** oder **ß**!

s Ha se

Das **s summt** wie eine Biene.
Du spürst nur **wenig Luft** an deiner Hand.
Du spürst, wie deine **Kehle summt.**

ß Fü ße

Das **ß zischt** wie eine Schlange.
Du spürst **viel Luft** an deiner Hand.
Du spürst, wie deine **Zunge am Gaumen zischt.**

Zwillingszwerge

Wenn der Selbstlaut **schnell** gesprochen wird und du zwischen den Silben **zwei s** hörst, schreibst du **ss**!

s s Was ser

KV 1.13

Gustav Giraffe und Zilli Zebra kommen ins Land der Schreibis

Station 2:

Zilli Zebra bei den Buchstabienchen und den Buchstabriesen (1)

Trainingsschwerpunkte
- Kennen lernen des Trainingsablaufs
- Einführung der Entspannungsspiele
- Einführung der Zebra-Tricks und Zebra-Aufträge
- Regelwissen: Groß- und Kleinschreibung, Teil 1

Begrüßung

Zum Einstieg in die Stunde erklärt der Lehrer:

Wir werden heute erfahren, was Gustav Giraffe und Zilli Zebra im Land der Schreibis erleben!

Nach der Begrüßung kontrolliert der Lehrer, ob die Schüler ihre Abenteuermappen dabei und sich selbst als Helfer gezeichnet haben.

Zebra- und Giraffenzeichen: Das sagen sie dir!

Die Kinder lernen die Symbole kennen, die auf den Kopiervorlagen zur Kennzeichnung der Art der Arbeitsaufträge verwendet werden. Es sind „Geheimzeichen“, die den Kindern sagen, was sie machen sollen.
→ KV 2.1 als Folie für OHP und als Kopie für jedes Kind

Einführung Entspannungsspiele

Zu Beginn jeder Trainingseinheit wird ein Entspannungsspiel durchgeführt, um die Konzentrationsfähigkeit der Kinder zu erhöhen und das Training mit einem angenehmen, entspannten Gefühl zu koppeln. Den Kindern wird der Sinn dieser Entspannungsspiele wie folgt erklärt:

Gustav hat für euch noch einen kleinen Trick, der euch dabei helfen wird, sich Dinge viel leichter zu merken und schwere Aufgaben zu lösen. Denn Gustav weiß, dass man viel besser arbeiten und sich besser konzentrieren kann, wenn man ruhig und entspannt an seine Aufgaben heran geht. Gustav hat mir verschiedene Entspannungsspiele geschenkt, von denen wir nun das erste ausprobieren werden!

In den folgenden Stationen werden sechs Entspannungsspiele vorgestellt. Die Kopiervorlage mit dem Entspannungssymbol wird auf Folie oder Karton kopiert und den Kindern während der Entspannung präsentiert.
→ KV 2.2 als Folie auf OHP oder auf Karton

Falls für die Entspannungsspiele die nötige Zeit fehlen sollte, kann ersatzweise auch in jeder Stunde die „Mini-Entspannung“ eingesetzt werden.
→ KV 2.3 als Kopie für den Lehrer

Entspannungsspiel „Zaubermurmel“

Der Lehrer liest den Text zum Entspannungsspiel langsam und mit ruhiger Stimme vor. Bei „...“ wird immer eine Pause von ein paar Sekunden eingelegt, damit sich die Kinder in den Text einfühlen können. Eventuell kann während des Spiels im Hintergrund eine CD mit ruhiger Entspannungsmusik oder Vogelgezwitscher laufen.

Nach dem Entspannungsspiel kann der Lehrer jedem Kind eine Murmel geben, die dann im weiteren Verlauf des Trainings als Zaubermurmel dient. Im Anschluss daran berichten die Kinder ganz kurz, ob und wie es mit dem „Kino im Kopf“ geklappt hat. Der Lehrer dankt jedem Kind wertneutral für seinen Beitrag.
→ KV 2.4 als Kopie für den Lehrer

Wenn das Entspannen beim ersten Mal bei einigen Kindern nicht funktioniert hat, erklärt der Lehrer, dass man „ruhig sein“ und „sich entspannen“ genau so trainieren muss wie eine Sportart, und dass es meistens erst nach einigem „Training“ richtig gut klappt. Wenn ein Kind größere Probleme mit der Entspannungsübung hatte, kann dies nach der Stunde noch genauer besprochen werden.

Landkarte: Das Land der Schreibis

Die Landkarte enthält alle Stationen des Schreibtrainings, die die Kinder durchlaufen werden.
→ KV 2.5 als Kopie für jedes Kind

Gustav und Zilli kennen nun ja schon den Kleinen Schreibikönig, der versprochen hat, ihnen zu helfen. Der Kleine Schreibikönig hat sehr viel zu tun und kann daher Gustav und Zilli nicht auf ihrer Reise durch das Land der Schreibis begleiten. Da er weiß, dass du Gustav und Zilli helfen wirst, kann er die beiden getrost alleine auf die Reise schicken. Zum Abschied überreicht der Schreibikönig Gustav und Zilli noch eine „Landkarte", die ihnen helfen soll, den richtigen Weg zu finden, der an allen wichtigen Stationen vorbeiführt. Gustav und Zilli bedanken sich und verabschieden sich von ihm. Auch du bekommst eine Landkarte, damit du immer weißt, wo Gustav und Zilli gerade im Land der Schreibis unterwegs sind.

Der Lehrer legt nun eine Folie der Landkarte auf den Overhead-Projektor, zeigt die einzelnen Stationen und erklärt sie kurz. Jedes Kind erhält eine kleine Figurengruppe (Gustav, Zilli, Kind), die es jeweils auf die Station legt, bei der es sich befindet. Wenn die Figur laminiert wurde, kann sie in ein kleines Stück Knetmasse gesteckt und wie eine Spielfigur auf der Landkarte bewegt werden. Eventuell kann die Figur mit einer dünnen Schnur versehen werden, die an der Landkarte befestigt wird. So ist sicher gestellt, dass die Figur nicht verloren geht.

Der Lehrer platziert nun die Figurengruppe auf der Folie bei der zweiten Station. Die Kinder malen das Fähnchen der ersten und zweiten Station farbig an. In allen folgenden Stationen wird die Figurengruppe immer um ein Fähnchen weiter nach vorne bewegt und von den Kindern wird jeweils das nächste Fähnchen farbig angemalt. Dies gibt den Kindern Orientierung, wo sie sich im Training gerade befinden.

→ KV 2.6 als Kopie, eine Figur für jedes Kind; eine Zebrafigur auf Folie für den OHP

Einführungsgeschichte „Die Buchstabienchen und die Buchstabriesen"

Der Lehrer liest die Einführungsgeschichte vor oder erzählt sie frei nach. Dabei wird die Geschichte mehrfach mit Fragen an die Kinder unterbrochen. Zum Abschluss der Geschichte erhält jedes Kind ein Blatt mir den drei Hockern aus der Erzählung.

→ KV 2.7 als Kopie für den Lehrer

→ KV 2.8 als Kopie für jedes Kind und als Folie auf OHP

Zebra-Trick Nr. 1

Der Lehrer bespricht den Zebra-Trick.
An dieser Stelle werden nur die Wortarten Nomen, Verben und Adjektive besprochen. Alle anderen Wortarten (Präpositionen, Konjunktionen, Pronomen, etc.) werden in Anlehnung an Tacke (2007) als „Restwörter" bezeichnet.

→ KV 2.9 als Kopie für jedes Kind sowie als Folie auf OHP

Den Kindern wird genau erklärt, wie sie den „Riesentest" durchführen können:

Bibbi Buchstabiene zeigt dir noch einmal ganz genau, wie der Riesentest mit den Hockern funktioniert: Ich nehme das Wort „Biene" und schaue, ob ein Hocker passt: Ja, DIE Biene. Der DIE-Hocker passt! Deshalb schreibe ich das Wort „Biene" am Anfang mit einem großen Buchstabriesen.
Nun überprüfe ich das Wort „glücklich". DER glücklich – passt nicht. DIE glücklich – passt nicht. DAS glücklich – passt nicht. Kein Hocker passt! Also schreibe ich das Wort am Anfang mit einem kleinen Buchstabienchen.
Es gibt auch noch einen Test für die Buchstabienchen:
Wenn eine dieser beiden Wortartfragen passt, schreibst du das Wort klein.
„Wie ist es?" oder „Kann ich es tun?"
Also z. B. für das Wort „klein": „Wie ist es? – Es ist KLEIN.". Oder beim Wort „laufen" „Kann ich es tun? – Ja, ich kann laufen."
So geht das! Überprüft nun jedes Wort mit dem Riesentest und schaut immer, ob ein Hocker passt!

Zebra-Auftrag Nr. 1

Der Lehrer liest gemeinsam mit den Kindern die Anweisung durch und erklärt ihnen das Vorgehen. Dabei betont er noch einmal, dass man wirklich immer den Riesentest mit den drei Hockern anwenden muss. Die Kinder sollen dazu die drei Kärtchen von KV 2.9 vor sich hinlegen. Der Lehrer bearbeitet die ersten drei Wörter und dient als Modell, indem er für jedes Wort den Riesentest anwendet und für jedes Wort einzeln überprüft, ob ein Artikel passt.
Dieser Auftrag wird zu zweit als Partnerarbeit durchgeführt. Der Lehrer stellt in Aussicht, dass nach diesem Zebra-Auftrag der erste Streifen für Zilli angemalt werden darf.

→ KV 2.10 als Kopie für jedes Kind

An dieser Stelle werden die Kinder noch einmal daran erinnert, dass Zilli Zebra dringend einen Helfer braucht und dass es wichtig ist, dass jedes Kind so viele Zebra-Aufträge wie möglich erledigt.

Einführung Loben und Selbstbewertung

Nach jedem Zebra-Auftrag sollen die Kinder bewerten, wie gut die Bearbeitung der Kopiervorlage geklappt hat. Die Kinder überlegen, ob sie gut aufgepasst haben und sie sich auf die Aufgabe gut konzentrieren konnten oder ob es schwer für sie war. Es geht dabei um die Beurteilung des Bemühens, nicht um die Fehlerzahl! Darauf sollten die Kinder ausdrücklich hingewiesen werden.

Jedes Kind zeichnet in den Zebrakopf am unteren Ende des Blattes den für es jeweils passenden Mund ein:

Einen lachenden Mund	☺	wenn es gut geklappt hat, weil es sich fest bemüht hat
Einen geraden Mund	😐	wenn es mittelmäßig geklappt hat
Einen traurigen Mund	☹	wenn es nicht so gut geklappt hat, weil es nicht gut aufgepasst hat

Zilli Zebra sammelt Streifen

Die Kinder erhalten nun das Blatt zum Anmalen der Streifen für Zilli Zebra. Nach dem Lösen des ersten Zebra-Auftrags darf jedes Kind nun den ersten Streifen schwarz anmalen. Künftig wird nun nach jedem Zebra-Auftrag ein Streifen angemalt. Das Anmalen der Streifen sollte stets den Charakter einer Belohnung haben (für Anstrengen, Nachdenken und Konzentration) und als besonderes Ereignis mit hohem Stellenwert gestaltet werden. An dieser Stelle sollte daher immer gelobt werden, nicht nur für das korrekte Lösen der Aufgaben, sondern vor allem auch für das Bemühen.
→ KV 2.11 als Kopie für jedes Kind

Auflockerungsspiel: Buchstabriesen und Buchstabienchen (1)

Der Lehrer teilt die Kinder in zwei Gruppen ein: in Buchstabienchen und Buchstabriesen. Nun liest er die unten stehende Liste von Wörtern schnell vor, wobei die Gruppe der Buchstabienchen bei allen klein zu schreibenden Wörtern aufspringt und die Gruppe der Buchstabriesen bei allen groß zu schreibenden Wörtern. Es sind bewusst einige Wörter versteckt, die sowohl groß als auch klein geschrieben werden können. Dies soll zur Diskussion anregen. Wer beim falschen Wort aufspringt, scheidet aus.
Im Einzelsetting klatscht das Kind mit der Hand entweder auf die Symbolkarte der Buchstabienchen oder auf die der Buchstabriesen (Symbolkarte von KV 2.16).

Wörterliste:
Banane, Flöhe, springen, gelb, singen, Bücherwurm, Kleeblatt, Herz, herzlich, lieben, Liebe, Telefon, telefonieren, leben/Leben, fröhlich, froh, Fröhlichkeit, singen, Gesang, frieren, Frucht, Maus, verlieren, Verlust, Baumstumpf, Holzfäller, fällen, grün, lustig, nebelig, Nebel, Tapferkeit, tapfer, töpfern, dampfen, Dampf, Dampfmaschine, dampfig, reisen, Reise, Reis, Rose, rosig, raten, Ratespiel, spielen, Spiel, Ton.

Pädagogischer Hinweis:
Mit diesem Spiel werden folgende Fähigkeiten trainiert:

- Schnelles Erkennen von Nomen, Adjektiven und Verben
- Wahrnehmen von Wortendungen
- Genaues Hinhören
- Aufmerksamkeit und Konzentration
- Impulshemmung (nur beim richtigen Wort aufspringen)

Zebra-Auftrag Nr. 2

Der Lehrer diktiert den Kindern die unten stehenden Wörter und die Kinder tragen sie in die richtige Spalte auf dem Arbeitsblatt ein. Wichtig ist, dass sie bei den Nomen jeweils den Artikel als Hocker unter das Wort malen und ggf. den Anfangsbuchstaben besonders „riesig“ schreiben.
→ KV 2.12 als Kopie für jedes Kind

Wörterliste:
Apfelbaum, Birnenkuchen, wunderbar, Marmeladenglas, hüpfen, tanzen, Flecken, fleckenlos, Gras, wandern, Kreisel, Pudelmütze, aufwecken, Steckenpferde, frech, schlau, Schürze, klein, sprechen, Schwein

Zebra-Aufträge Nr. 3 bis 6 für die folgende Woche

Zum Ende der Stunde erhalten die Kinder zum ersten Mal vier Zebra-Aufträge, die sie im Lauf der folgenden Woche lösen sollen. Die vier Aufträge sind für die Wochentage gedacht, an denen keine Trainingsstunde stattfindet, am Wochenende haben die Kinder frei – außer sie bearbeiten unter der Woche einen Zebra-Auftrag nicht.
Die Kinder sollen die Aufträge sorgfältig erledigen, damit sie für Zilli Zebra wieder Streifen einzeichnen dürfen. Sie heften die Zebra-Aufträge in ihre Abenteuermappe ein.
Mit sehr leistungsschwachen Legasthenikern sollte eine geringere Aufgabenmenge vereinbart werden.
→ KV 2.13 (2 x kopieren), 2.14 (2 x kopieren), 2.15 als Kopie für jedes Kind

Wichtiger Hinweis:
Die Kinder sollen die Streifen für die erledigten Zebra-Aufträge nicht zu Hause eintragen, sondern mit den anderen Kindern gemeinsam in der folgenden Stunde!

Abschlussspiel: Buchstabriesen und Buchstabienchen (1)

Jedes Kind erhält KV 2.16 und durchtrennt sie in der Mitte. Nun nennen die Kinder reihum ein Wort. Das daneben sitzende Kind macht den „Riesentest“ und hält daraufhin nun entweder das Zeichen für das Buchstabienchen oder für den Buchstabriesen nach oben. Das erste Kind gibt Rückmeldung, ob das andere Kind richtig entschieden hat. So geht es reihum weiter. Wer einen Fehler macht, scheidet aus. Der Lehrer fungiert dabei als Modell und lässt sich als Erster ein Wort nennen. Daraufhin wendet er den „Riesentest“ genau mitsprechend an und entscheidet sich für eines der beiden Kärtchen.
→ KV 2.16 als Kopie für jedes Kind

Pädagogischer Hinweis:
Mit diesem Spiel werden folgende Fähigkeiten trainiert:
- Automatisieren des Anwendens des „Riesentests“
- Erkennen von Nomen, Adjektiven und Verben
- Aufmerksamkeit

KV 2.1

Zebra- und Giraffenzeichen: Das sagen sie dir

ENTSPANNEN

Ich bin leise, werde ruhig und entspanne mich. Wir machen ein Entspannungsspiel.

SILBENSPRECHEN

Ich spreche laut in der Silbenentensprache.

ZEBRA-TRICK

Achtung, pass gut auf: Das ist ein Zebra-Trick!

ÜBERLEGEN

Ich überlege genau und denke nach.

ZEBRA-AUFTRAG

Ich bekomme einen Zebraauftrag. Ich erledige ihn sorgfältig.

KONZENTRIEREN

Ich löse die Aufträge sorgfältig. Ich bin aufmerksam, höre genau hin und denke nach. Zum Schluss überprüfe ich, ob ich alles richtig gemacht habe.

HELFER-AUFTRAG

Ich kann den Auftrag nur zusammen mit jemand anderem erledigen. Derjenige, den ich um Hilfe bitte, sollte schon sehr gut lesen und mir ein bisschen helfen können.

FORSCHER-AUFTRAG

Ich erforsche die Welt der Schreibis und komme dem Geheimnis auf die Spur.

GRUPPEN-ARBEIT

Wir üben gemeinsam in der Gruppe.

PARTNER-ARBEIT

Ich suche mir einen Partner. Wir arbeiten zu zweit.

EINZEL-ARBEIT

Ich erledige meinen Auftrag alleine. Ich arbeite leise.

KV 2.2

Symbol für Entspannungsspiele

KV 2.3

Mini-Entspannung „Bauchatmung“[5]

Setz dich bequem auf deinen Stuhl und schließe deine Augen.

Wir werden ruhig ... und atmen ruhig ein ... und aus. ... Mit jedem Atemzug atmen wir die Ruhe ein ... und alle Anspannung atmen wir aus ...

Nun legst du deine Hand auf deinen Bauch, unterhalb des Bauchnabels. ... Stell dir nun vor, du hast einen großen, bunten Luftballon in deinem Bauch ...

Beim Einatmen versuchst du, mit der eingeatmeten Luft den Ballon in deinem Bauch aufzublasen. ... Stell dir vor, wie groß der Ballon nun wird ...

Beim Ausatmen strömt die Luft wieder aus dem Ballon heraus ... du spürst die ausströmende Luft an deinen Lippen ... der Ballon schrumpft zusammen. ... Blase den Ballon beim Einatmen wieder auf ... und lasse ihn beim Ausatmen wieder zusammenschrumpfen, ... ein- ... und ausatmen ...

Dein Brustkorb bleibt dabei ganz flach, er bewegt sich nicht ... nur dein Bauch wird ganz dick ... und wieder ganz dünn. ... Lass den Ballon noch einmal groß werden ... und wieder klein ... spüre die Luft an deinen Lippen ... ein- ... und ausatmen ...

Nun öffnest du langsam wieder deine Augen. Recke dich und strecke dich, balle die Hände zur Faust und schüttle sie fest aus ... Du spürst eine große Ruhe in dir ... und bist wieder frisch und wach hier zurück in diesem Raum.

5 Mini-Entspannung „Bauchatmung“ in Anlehnung an Suhr-Dachs & Döpfner (2005), S. 176

KV 2.4

Entspannungsspiel „Zaubermurmel“[6]

Mache es dir auf deinem Stuhl gemütlich und schiebe ihn ein wenig zurück, damit du genug Platz um dich herum hast. Alles, was dich sonst noch stört, z. B. deine Uhr oder Brille, legst du auf den Tisch. Atme nun tief ein ... und aus ...

Schließe deine Augen und stelle dir vor, dass in deinem Kopf ein Kino abläuft. ... Da kommen viele bunte Bilder, bunte Farben, verschiedene Gerüche vor. ... Mit geschlossenen Augen kannst du alles ganz genau sehen, was immer du dir vorstellst.

Und schon liegst du in Gedanken an einem wunderschönen Strand. ... Du spürst den weichen, warmen Sand unter dir ... atmest tief ein ... und aus ... hörst die Wellen des Meeres leise vor sich hin plätschern. ... Atme tief ein ... und aus. ... Dein Ausatmen hört sich an wie der leise Wind, der über deinen Lieblingsstrand hinweg weht. ... Du spürst die Wärme in deinen Armen, die der Sand unter dir ausströmt ... fühlst dich schwer ... sicher ... warm ... und ganz geborgen.

Du möchtest langsam am Strand entlang spazieren und gehst gemächlich zum Wasser. Du siehst das tiefe Blau des Meeres, das dich noch ruhiger macht. ... Du siehst auf das weite Meer hinaus und entdeckst, dass eine kleine, schillernd-weiße Möwe genau auf dich zu schwimmt. ... Du begrüßt die Möwe freudig ... und entdeckst, dass sie eine kleine, glitzernde Murmel in ihrem Schnabel hält. ... Sie schenkt dir die glitzernde Murmel. ... Was die Murmel wohl bedeutet?

Da hörst du, wie die schillernde Murmel zu dir spricht: „Ich bin eine Zaubermurmel, und ich möchte dir helfen, wann immer du mich brauchst. ... Ich kann dir Ruhe schenken, wenn du aufgeregt bist ... Freude, wenn du traurig bist ... Konzentration, wenn deine Gedanken abschweifen. ... Ich möchte dich begleiten und immer bei dir sein. ... Sicher hast du schon eine Idee, wann du meine Zaubereigenschaften einsetzen kannst. ... In der Schule ... bei Klassenarbeiten ... bei einem Streit mit deinen Eltern oder Freunden ... wenn du dich einsam fühlst ... wenn du ängstlich bist. ... Du musst mich nur rufen mit dem Zaubersatz „Murmel, Murmel, ich zähl bis drei! Schon bin ich richtig stark und frei!“...

Stelle dir nun eine Situation vor, in der ich für dich da sein kann! ... Sieh die Bilder in deinem Kopf. ... Und rufe mich! „Murmel, Murmel, ich zähl bis drei! Schon bin ich richtig stark und frei!“... Spürst du mich? ... Schon leuchte und strahle ich für dich und helfe dir. ... Genieße dieses schöne Gefühl eine Weile und atme ruhig ein ... und aus ... ein ... und aus ... (... 10 Sek.)

Du erinnerst dich noch einmal an das schöne, ruhige und entspannte Gefühl, das die Zaubermurmel in dir verströmt hat, ... erinnerst dich an den Satz „Murmel, Murmel, ich zähl bis drei! Schon bin ich richtig stark und frei!“ ... Du bist dir sicher, dass er dir mit deiner Zaubermurmel in Zukunft in vielen Situationen helfen kann. ...

Langsam kommst du wieder hierher in den Raum zurück. ... Du spürst den Stuhl wieder unter dir, bewegst langsam deine Fingerspitzen. ... Balle die Hände zur Faust. ... Recke und strecke dich. ... Mach die Augen auf, ... gähne ganz laut, ... atme tief ein ... und laut aus. ... Jetzt bist du wieder frisch und wach hier zurück!

6 Anregungen zu den Entspannungsgeschichten aus Fuhrmann, E. (2004) und Petermann, U. (2001)

KV 2.5

Landkarte

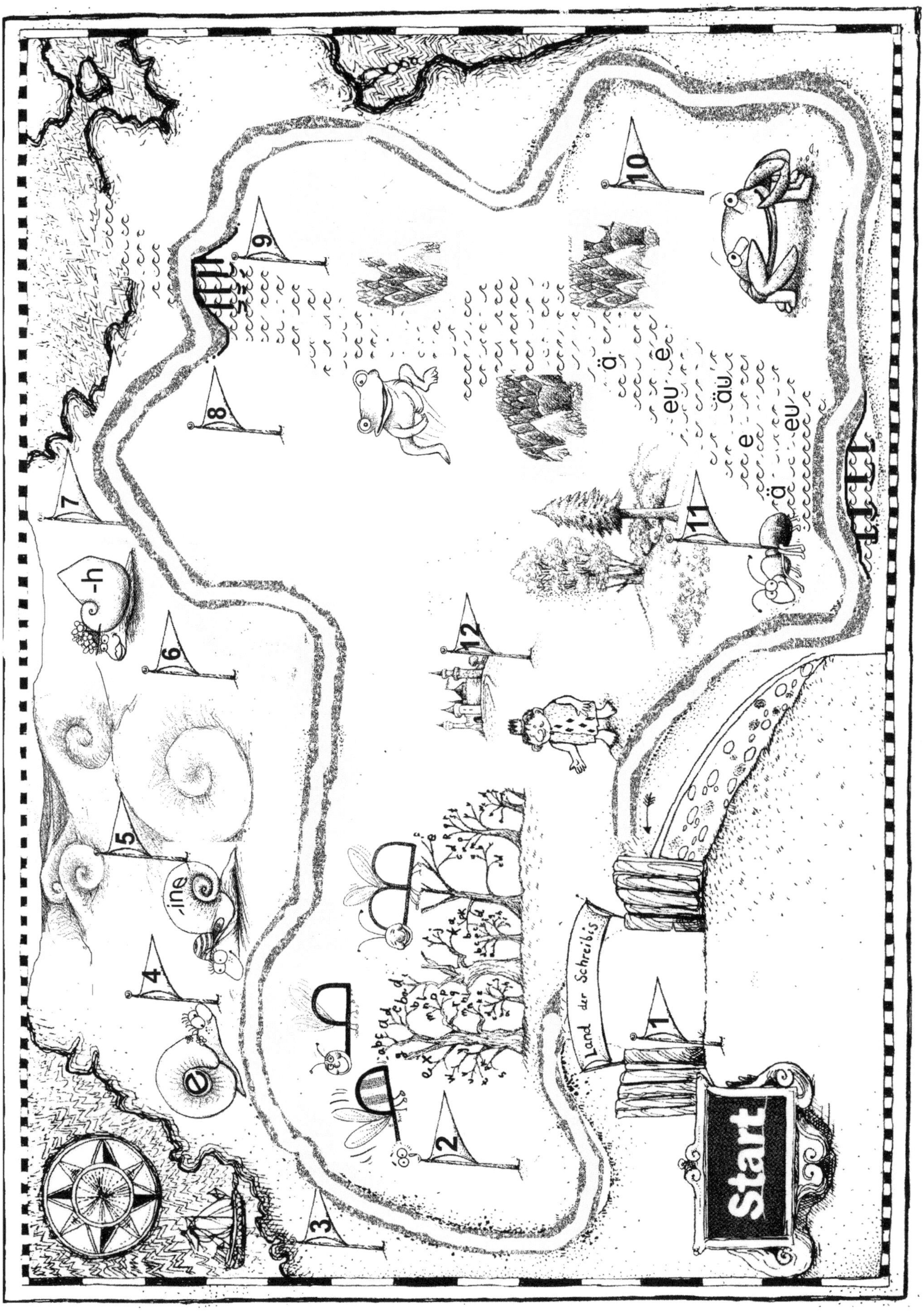

KV 2.6

Zebrasymbole für jedes Kind

KV 2.7

Einführungsgeschichte: Die Buchstabienchen und die Buchstabriesen (1)

Gustav Giraffe und Zilli Zebra halten nun ihre Landkarte in den Händen und sehen sich ihren Weg durch das Land der Schreibis an. Da schwirrt plötzlich Bibbi Buchstabiene über den Köpfen der beiden. „Hallo Gustav! Da bist du ja wieder! Hallo, Zilli Zebra! Kommt mit mir in den Wald der Laute, ich möchte euch etwas zeigen!"
Im Wald der Laute angekommen, erklärt Bibbi Buchstabiene: „Wisst ihr, bei uns Buchstabienen gibt es zwei verschiedene Arten: die Buchstabienchen und die Buchstabriesen. Jeder Laut – also das, was klingt und was du hörst – wird durch ein Buchstabienchen und gleichzeitig durch einen Buchstabriesen vertreten. Manchmal ist der Laut „b" *(lautieren!)* also ein großer Buchstabriese und manchmal ein kleines Buchstabienchen."

Kannst du dir vorstellen, wie das kleine Buchstabienchen-„b" aussieht? Und wie das große Buchstabriesen-„B" aussieht? *(Kinder antworten lassen.)*

Bibbi erkundigt sich: „Was denkt ihr, Gustav und Zilli, wann muss man denn einen großen Buchstabriesen schreiben und wann ein kleines Buchstabienchen? Vielleicht könnt ihr eure Helfer um Rat fragen!" *(Antworten der Kinder sammeln.)*

„Richtig! Die Buchstabriesen kommen in zwei verschiedenen Situationen zum Einsatz:

1. Ihr findet sie am Anfang von Sätzen. Der Buchstabriese zeigt dir: Hier beginnt ein neuer Satz! Das hilft dir auch beim Lesen von Sätzen, damit du immer schnell siehst, wo ein Punkt ist und wo ein neuer Satz beginnt.
   Merke dir also: Das Satzanfangs-Wort beginnt immer mit einem Buchstabriesen!
2. Die Buchstabriesen zeigen dir, welche Wörter Namenwörter sind. So kannst du beim Lesen schneller erkennen, worum es geht. Zu Namenwörtern kann man auch Nomen sagen.
   Merke dir also: Alle Namenwörter / Nomen beginnen mit einem Buchstabriesen!

„Hm ...", überlegt Zilli Zebra. „Aber woran kann ich denn schnell erkennen, welches Wort ein Namenwort ist und mit einem Buchstabriesen beginnt?" – „Nun ja", antwortet Bibbi Buchstabiene. „Du hast Recht, Zilli. Das ist ganz schön schwer. Aber ich kann dir einen Trick verraten: Mach immer den „Riesen-Test"!"

→ KV 2.8 als Folie auf OHP auflegen.

Bibbi erklärt: „Die Wörter, die mit einem Buchstabriesen beginnen, stehen immer auf dem „der"-, „die"- oder „das"-Hocker! Genau deshalb sind sie so groß wie Riesen: weil sie auf einem Hocker stehen! Nur Wörter, zu denen ein DER-, DIE- oder DAS-Hocker passt, gehören zu den großen BuchstabRIESEN! Alle anderen Wörter, zu denen kein Hocker passt, werden mit den kleinen Buchstabienchen geschrieben! Also alle Tunwörter, Wiewörter und alle anderen. Nur die Satzanfangs-Wörter, die bekommen ebenfalls immer einen Hocker, damit man sie besser sehen kann!"
„Klingt gar nicht so schwer!", freut sich Zilli. „Es ist auch gar nicht schwer", erklärt Bibbi. „Und damit es noch einfacher wird, schenke ich dir und deinem Helfer die drei Hocker."

→ KV 2.9 als Folie auf OHP auflegen.

KV 2.8

Die Hocker für den Riesentest

Namenwort
Nomen

Namenwort
Nomen

Namenwort
Nomen

Namenwort
Nomen

Wiewort
Adjektiv

Tunwort
Verb

KV 2.9

Zebra-Trick Nr. 1

So geht der Riesentest:
Überprüfe, ob ein

, 

oder 

Hocker passt!

So findest du heraus, ob dein Wort ein Namenwort ist. Man sagt dazu auch Nomen!
Denke daran: Auch Namen (wie Gustav) sind Namenwörter!

Passt ein Hocker? Dann schreibe das Wort groß, also mit einem Buchstabriesen!
Passt keiner? Dann schreibe das Wort klein, also mit einem Buchstabienchen!

Merke dir:
Alle Satzanfangs-Wörter haben immer einen Buchstabriesen! Schreibe sie also immer groß!

Tipp: Bist du dir nicht sicher, ob ein Hocker passt? Überlege, ob man das Wort sehen, hören, riechen, anfassen oder in sich fühlen kann! Dann ist es ein Namenwort und wird groß geschrieben!

Wald **B**iene **F**lugzeug

Alle Wörter, zu denen kein 

, 

oder 

Hocker passt,

gehören zu den Buchstabienchen! Schreibe sie also klein! Dann ist das Wort ein Wiewort (man sagt dazu auch Adjektiv) oder ein Tunwort (man sagt dazu auch Verb). Auch alle anderen Wörter – wir nennen sie Restwörter – gehören zu den Buchstabienchen.

Tipp: Wenn du dir nicht sicher bist, ob du ein Wort klein schreiben musst, stellst du die Wortartfragen: „Wie ist es?“ oder „Kann ich es tun?“
Wenn die Antwort passt, schreibst du das Wort klein.

KV 2.10

Zilli Zebra bei den Buchstabienchen und den Buchstabriesen (1): Zebra-Auftrag Nr. 1

Lies die Sätze. Hier sind alle Buchstaben klein geschrieben.
Mache für jedes Wort den Riesentest. Verbinde jedes Wort mit einem Strich entweder zum Buchstabienchen oder zum passenden Hocker der Buchstabriesen! Schreibe bei allen Wörtern, die einen Buchstabriesen brauchen, den großen Buchstaben darüber!

zilli zebra freut sich sehr, nun endlich ihre reise mit gustav giraffe zu beginnen.

gustav giraffe hat eine neue freundin gefunden, mit der er viel spaß haben wird.

bist du auch schon gespannt, welche wesen du in zukunft kennen lernst?

im land der schreibis gibt es enten, zwerge, zwillinge und viele bienen.

du kannst hier viele tipps und tricks lernen, um besser zu schreiben.

KV 2.11

Zilli Zebra sammelt Streifen

KV 2.12

Zilli Zebra bei den Buchstabienchen und den Buchstabriesen (1): Zebra-Auftrag Nr. 2

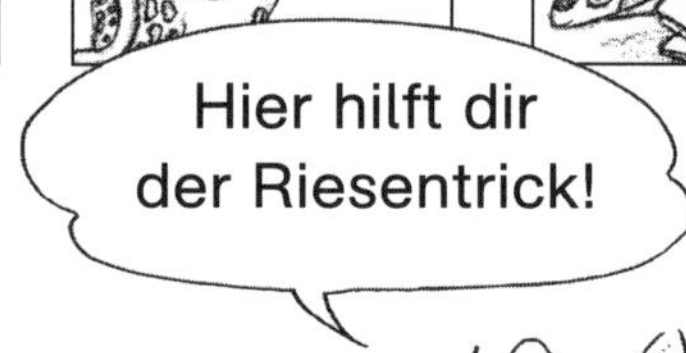

Schreibe die Wörter in die passende Spalte.
Trage bei den Buchstabriesen ein, welcher Hocker passt!“

Wiewörter (Adjektive), Tunwörter (Verben) und Restwörter

Namenwörter und Satzanfangswörter

KV 2.13

Zilli Zebra bei den Buchstabienchen und den Buchstabriesen (1): Zebra-Auftrag Nr. 3 und 5

Tag 1: ____________________

Tag 3: ____________________

Schreibe die Wörter in die passende Spalte. Trage ein, welcher Hocker passt!

Wiewörter (Adjektive), Tunwörter (Verben) und Restwörter

Namenwörter und Satzanfangswörter

KV 2.14

Zilli Zebra bei den Buchstabienchen und den Buchstabriesen (1): Zebra-Auftrag Nr. 4 und 6

Tag 2: ______________________ Tag 4: ______________________

Schreibe die Sätze auf! Mache für jedes Wort den Riesentest. Verbinde jedes Wort mit einem Strich entweder zum Buchstabienchen oder zum passenden Hocker!

____

____

____

____

____

____

____

KV 2.15

Helferblatt für die Zebra-Aufträge 3–6

Diktieren Sie folgende Wörter und Sätze und achten Sie darauf, dass Ihr Kind bei jedem Wort den „Riesentest" macht! Das bedeutet, es soll überprüfen, ob ein Artikel zu dem Wort passt (DER-, DIE-, DAS-Hocker) und ob dies somit groß geschrieben wird.
Zusätzlich kann das Kind fragen: „Kann ich es tun?" (Tunwort) oder „Wie ist es?" (Wiewort)

Zebra-Auftrag Nr. 3

Glas, grün, putzen, Kreide, singen, Schaukel, schaukeln, schmutziger, sauber, Tannenbaum, Giraffenkinder, klein, Apfelkuchen, größer, Flügel, Telefon, laufen, lustiger

Zebra-Auftrag Nr. 4

In der Schule gibt es heute zwei Sommerfeste.
Es macht immer Spaß, mit Freunden zu feiern.
Es gibt Kuchen, leckere Würstchen und fetzige Tänze.
Auch die Erwachsenen freuen sich auf das Fest.
Alle wollen tanzen und hüpfen und ausgelassen sein.

Zebra-Auftrag Nr. 5

Ameise, geben, heimlich, Gitter, singen, Küken, fegen, Regen, weich, Pfanne, mögen, lesen, Schaufel, stark, Brausetablette, Schornsteinfeger, jammern, freundlich

Zebra-Auftrag Nr. 6

Im Winter ist es schön, mit einem Schlitten über den Hang zu sausen.
In kuscheligen Jacken und dicken Mützen ist es warm.
Es macht wirklich Freude, wenn man schneller ist als die anderen Kinder.
Wenn die Nacht hereinbricht, müssen alle Kinder leider gehen.
Die Eltern warten zu Hause schon mit einer warmen Suppe auf die Kinder.

KV 2.16

Symbolkarten Buchstabienchen und Buchstabriesen

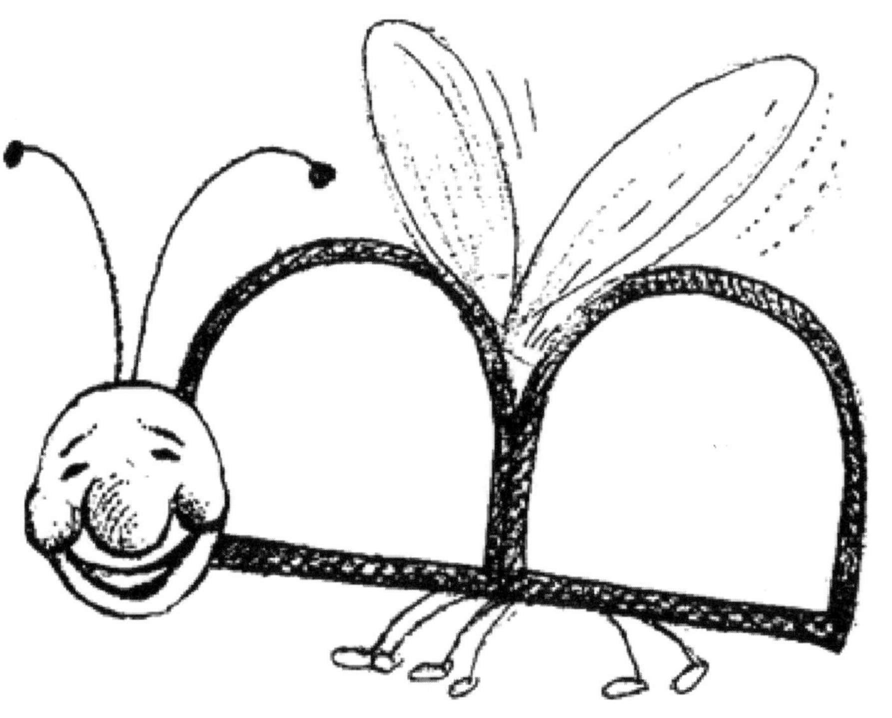

Station 3:

Zilli Zebra bei den Buchstabienchen und den Buchstabriesen (2)

Trainingsschwerpunkte

- Regelwissen: Vertiefung Groß- und Kleinschreibung

Begrüßung / Erfahrungen mit den Zebra-Aufträgen

Zum Einstieg in die Stunde erklärt der Lehrer:

Heute sind wir wieder zusammen gekommen, um Gustav und Zilli weiter durch das Land der Schreibis zu begleiten. Habt ihr alle eure Abenteuermappen mit euren erledigten Zebra-Aufträgen dabei?

Der Lehrer kontrolliert, ob die Schüler die Mappen mit den erledigten Aufgaben dabei haben. Einige Kinder berichten nun, wie es ihnen beim Bearbeiten der Zebra-Aufträge ergangen ist. Wenn Äußerungen kommen, dass die Aufträge zu lang sind, weist der Lehrer darauf hin, dass es natürlich etwas mühsam ist, wenn man sich verbessern möchte. Man kann auch einen Vergleich mit dem Training im Sport heranziehen: Wer einen Hundertmeterlauf gewinnen möchte, muss hart trainieren, und das ist auch sehr anstrengend. Aber wenn man dann bemerkt, dass man immer schneller wird, freut man sich sehr. Und so ist es auch beim Schreiben-Lernen: Nur wer fleißig trainiert, kommt ans Ziel und wird am Ende belohnt.

Besprechen der Zebra-Aufträge

Jedes Kind holt seine Abenteuermappe heraus und zeigt seine bearbeiteten Zebra-Aufträge. Während sich der Lehrer die Arbeitsblätter ansieht, vergleichen die Kinder ihre Ergebnisse mit denen ihres Nachbarn.

Pro gelöstes Blatt dürfen die Kinder einen Streifen mit schwarzer Farbe anmalen. Dabei geht es nicht darum, dass alle Aufgaben richtig gelöst wurden, sondern darum, dass sich das Kind bemüht hat. Daher sollte auch jedes Kind für seine Anstrengung gelobt werden. Prinzipiell sollte jedes Kind etwa 15 Minuten an einem Auftrag arbeiten.

Wenn ersichtlich ist, dass die Aufgaben zu viel/zu schwer für ein Kind waren und es trotz Bemühens nicht alle Aufgaben lösen konnte, darf es trotzdem einen Streifen anmalen. Bei Kindern, die an einer besonders schweren Legasthenie leiden, kann auch schon bei der Verteilung der Aufträge vereinbart werden, dass sie nur einen Teil der Aufgaben lösen müssen, um sie nicht zu demotivieren. Dann sollte eindeutig markiert werden, wie viel sie lösen sollen. Wenn ersichtlich ist, dass zwar alle Aufgaben gelöst wurden, diese aber aufgrund von Oberflächlichkeit eine hohe Fehlerzahl aufweisen, kann der Lehrer das Kind darauf aufmerksam machen und es bitten, sich beim nächsten Mal mehr anzustrengen. Die Streifen für die erledigten Aufgaben dürfen angemalt werden. Beachtet werden sollte dabei auch das Gesicht, das die Kinder angemalt haben. Tragen Sie in die Liste mit der Punktübersicht (s. KV 0.1, S. 12) ein, wie viele Streifen jedes Kind bereits gesammelt hat, damit keine langwierigen, unerfreulichen Diskussionen über die erreichte Zahl der Streifen entstehen.

Entspannungsspiel „Fliegender Teppich“

Der Lehrer legt das Symbol „Entspannung“ (-> KV 2.2, siehe S. 36) auf den OHP oder zeigt es den Kindern. Durchführung wie beim Entspannungsspiel „Zaubermurmel“ in Station 2 (siehe S. 31).

→ KV 3.1 als Kopie für den Lehrer

Einführungsgeschichte: Die Buchstabienchen und die Buchstabriesen (2)

Der Lehrer liest die Einführungsgeschichte vor oder erzählt sie frei nach.

→ KV 3.2 Einführungsgeschichte als Kopie für den Lehrer

Zebra-Trick Nr. 2

Der Lehrer bespricht den Zebra-Trick.

→ KV 3.3 als Kopie für jedes Kind sowie als Folie auf OHP

Zebra-Auftrag Nr. 7

Der Lehrer liest gemeinsam mit den Kindern die Anweisung durch und erklärt ihnen das Vorgehen. Das Beispiel wird zusammen durchgearbeitet. Die Kinder sollen sich den Zebra-Trick zu Hilfe nehmen und die Endungen vergleichen.

Der Lehrer erklärt den Kindern noch einmal kurz die richtige Schreibweise der Nachsilben „-heit" und „-keit" (mit einem „t" am Ende) und von „-ig" („g" am Ende), da die Strategie des Verlängerns an dieser Stelle noch nicht eingeführt wurde (heftig – heftiger). Daher sind die Plosivlaute „g" und „t" der Endungen noch nicht hörbar. Die Kinder sollen sich die richtige Schreibweise deshalb einprägen.

Dieser Auftrag wird zu zweit als Partnerarbeit durchgeführt.
→ KV 3.4 als Kopie für jedes Kind

Auflockerungsspiel: Buchstabriesen und Buchstabienchen (2)

Die Kinder nehmen die Symbolkarten „Buchstabienchen" und „Buchstabriese" zur Hand (KV 2.16). Der Lehrer liest langsam die ersten Sätze der Einführungsgeschichte vor. Dabei werden alle Punkte und Kommas mitgelesen. Die Kinder halten für jedes Wort ganz schnell das entsprechende Symbol für Groß- oder Kleinschreibung hoch. Wer ein falsches Symbol in die Luft hält, scheidet aus.

Pädagogischer Hinweis:
Mit diesem Spiel werden folgende Fähigkeiten trainiert:
- Schnelles Erkennen von Nomen, Adjektiven, Verben und Restwörtern
- Wahrnehmen von Wortendungen
- Genaues Hinhören
- Aufmerksamkeit und Konzentration
- Schnelle Entscheidungsfähigkeit

Zebra-Auftrag Nr. 8

Der Lehrer diktiert den Kindern die nachfolgend aufgeführten Wörter und die Kinder tragen sie in die richtige Spalte auf dem Arbeitsblatt ein. Wichtig ist, dass sie bei den Nomen jeweils den Artikel als Hocker unter das Wort malen und ggf. den Anfangsbuchstaben besonders „riesig" schreiben.
Nun wird das Schreiben zusammengesetzter Wörter trainiert. Der Lehrer weist daher noch einmal darauf hin, dass immer das letzte Wort die Wortart bestimmt und uns zeigt, wie man das Wort schreiben muss.
→ KV 3.5 als Kopie für jedes Kind

Wörterliste:
Apfelbaum, herzerweichend, Birnenkuchen, Klapperschlange, kirschrot, Kartoffelpufferpfanne, froschgrün, himmelblau, Giraffenflecken, Winterreifen, sonnengelb, klitzeklein, Zimmerantennenkabel, rotbackig, Regenwasser, Regentropfen, steinreich, schlangenförmig

Zebra-Aufträge Nr. 9 bis 12 für die folgende Woche

Der Lehrer verteilt die Zebra-Aufträge und achtet darauf, dass die Kinder sie in ihre Abenteuermappe einordnen. Die Arbeitsaufträge können kurz besprochen werden.
→ KV 3.6 (3 x kopieren), 3.7, 3.8 als Kopie für jedes Kind

Wichtiger Hinweis:
Die Kinder sollen die Streifen für die erledigten Zebra-Aufträge auch diesmal erst gemeinsam mit den anderen Kindern in der folgenden Stunde einzeichnen.

Abschlussspiel: Pantomime

Jedes Kind überlegt sich ein Wort, das es pantomimisch darstellt. Das Nachbarkind soll erraten, welcher Begriff gemeint ist. Es soll außerdem bestimmen, um welche Wortart es sich handelt, und feststellen, ob es zu den Buchstabienchen oder zu den Buchstabriesen gehört.

Pädagogischer Hinweis:
Mit diesem Spiel werden folgende Fähigkeiten trainiert:
- Erkennen von Nomen, Adjektiven und Verben
- Aufmerksamkeit
- Wahrnehmungsfähigkeit
- Einfühlungsvermögen
- Motorische Koordination

KV 3.1

Entspannungsspiel „Fliegender Teppich“[7]

Mache es dir auf deinem Stuhl gemütlich und schiebe ihn ein wenig zurück, damit du genug Platz um dich herum hast. Alles, was dich sonst noch stört, z. B. deine Uhr oder Brille, legst du auf den Tisch. Atme nun tief ein ... und aus ... Schließe deine Augen und stelle dir vor, dass in deinem Kopf ein Kino abläuft ... Mit geschlossenen Augen kannst du alles ganz genau sehen, was immer du dir vorstellst ...

Schon liegst du in Gedanken an deinem wunderschönen Lieblingsstrand ... Du spürst den weichen, warmen Sand unter dir ... atmest tief ein ... und aus ... hörst die Wellen des Meeres leise vor sich hin plätschern ... In deiner Hand hältst du deine Zaubermurmel. Sie gibt dir Ruhe, Kraft und Konzentration ... Du spürst, wie du immer ruhiger wirst ... Atme tief ein ... und aus ... Du spürst die Wärme in deinen Armen, die der Sand unter dir ausströmt ... fühlst dich schwer ... sicher ... warm ... und ganz geborgen.

Du blickst auf das Meer hinaus und erkennst am Horizont einen fliegenden Teppich, der sich langsam schaukelnd auf dich zu bewegt. Auf dem Teppich sitzt eine kleine, schillernd-weiße Möwe ... Sie winkt dir zu und bittet dich, auf den Teppich aufzusteigen ... Mache es dir ganz bequem ... und gemütlich auf dem fliegenden Teppich ... Durch die Gedankenkraft der Möwe steigt der fliegende Teppich in die Luft empor ... fliegt hinaus über das Meer ...

Am Horizont siehst du eine kleine Insel ... „Du kannst den fliegenden Teppich selbst steuern, wenn du nur willst“, erklärt dir die kleine Möwe plötzlich. „Nimm deine Zaubermurmel in die Hand und konzentriere dich mit aller Kraft auf den Teppich ... Richte alle deine Gedanken zu ihm ... und lasse ihn ein wenig nach unten sinken ...“ – Es klappt ... durch deine Konzentration senkt sich der Teppich ... Du ganz alleine kannst ihn steuern ... Mit dem Satz „Murmel, Murmel, ich zähl bis drei! Schon bin ich richtig stark und frei!“ ... Wie gut sich das anfühlt ... „Fliege zu der Insel!“, fordert dich die kleine Möwe auf. „Lande am Ufer!“ ... Wenige Minuten später hast du es geschafft ... Du legst dich ein wenig hin und genießt die wärmende Sonne.

Nach einer Weile sitzt die Möwe wieder mit ihrem fliegenden Teppich vor dir. Es ist Zeit, zurück zu fliegen. Diesmal steuerst du ganz alleine den Teppich ... Du bist stolz auf dich ... Nun taucht dein Lieblingsstrand unter euch auf. Vorsichtig setzt du zur Landung an ... Du spürst die Zaubermurmel in deiner Hand und spürst, wie viel Kraft sie dir gibt ... Du denkst an den Satz „Murmel, Murmel, ich zähl bis drei! Schon bin ich richtig stark und frei!“, und freust dich, dass er dir so gut hilft.

Vorsichtig landest du und spürst wieder den warmen Sand unter deinen Füßen ... Du verabschiedest dich von der kleinen weißen Möwe ... Den Satz „Murmel, Murmel, ich zähl bis drei! Schon bin ich richtig stark und frei!“ und die Zaubermurmel hast du in deinen Gedanken nun immer bei dir.

Du erinnerst dich noch einmal an das schöne, ruhige und entspannte Gefühl, das du auf dem fliegenden Teppich hattest ... spürst, wie stolz du auf dich bist, weil du deine Gedanken so konzentriert lenken kannst ... und kommst nun langsam wieder hierher in den Raum zurück ... Du spürst den Stuhl wieder unter dir, bewegst langsam deine Fingerspitzen ... Balle die Hände zur Faust ... recke und strecke dich ... mach die Augen auf ... gähne ganz laut ... atme tief ein ... und laut aus ... Jetzt bist du wieder frisch und wach hier zurück!

7 Anregungen zu den Entspannungsgeschichten aus Fuhrmann, E. (2004) und Petermann, U. (2001)

KV 3.2

Einführungsgeschichte: Zilli Zebra bei den Buchstabienchen und den Buchstabriesen (2)

Gustav Giraffe und Zilli Zebra schlendern durch den Wald der Laute, als sie Bibbi Buchstabiene auf sich zufliegen sehen. „Hallo Bibbi, vielen Dank für deine Tipps mit den DER-, DIE-, DAS-Hockern!" – „Oh, gerne!", antwortet Bibbi. „Ich habe aber noch einen weiteren Tipp für euch! Es gibt Wortendungen, die euch zeigen, ob ein Wort mit einem Buchstabienchen oder einem Buchstabriesen beginnt. Wenn ihr diese Wortendungen kennt, könnt ihr auch viel schneller erkennen, wie man das Wort schreibt! Außerdem zeigen euch die meisten Wortendungen die Wortart an! Die WORTARTEN teilen unsere Wörter in Gruppen auf. Es gibt ziemlich viele Wortarten, so wie es auch viele Tierarten gibt. Aber es gibt drei ganz wichtige Wortarten, die sehr häufig vorkommen und die man deshalb besonders gut kennen muss. Sie heißen Namenwörter oder auch Nomen, Tunwörter oder auch Verben und Wiewörter oder auch Adjektive. Die Namenwörter sind Wörter, die man anfassen, sehen, hören, riechen oder in sich fühlen kann. Die Tunwörter beschreiben Dinge, die man tun kann, wie laufen, riechen oder tanzen. Die Wiewörter zeigen uns, WIE etwas ist, z. B. klein oder groß, schnell oder langsam. Dazu gibt es passende Fragen, die ihr schon beim letzten Mal gelernt habt. Diese Wortartfragen sind:
Beim Namenwort: Passt ein DER-, DIE- oder DAS-Hocker?
Beim Tunwort: Kann ich es TUN?
Beim Wiewort: WIE ist es?

Der Zebra-Trick zeigt euch, welche Wortendungen zu welchen Wortarten gehören. Aber seid vorsichtig: Manche Wortendungen gehören zu mehreren Wortarten. Da müsst ihr dann besonders gut aufpassen und die Wortartfragen stellen. Das ist z. B. bei geh-en und bei Birn-en so. Die Endung -en kommt bei den Tunwörtern vor, aber auch bei den Namenwörtern. Die meisten anderen Endungen gibt es aber nur bei einer Wortart.

Viele Wörter haben aber auch keine solche Endung, wie zum Beispiel das Wort „Mut". Dann müsst ihr die Wortartfragen stellen.

Manchmal gibt es auch Wörter, die zugleich ein Tunwort und ein Namenwort sind, z. B. das Wort „leben". Leben, das kann man tun. Es gibt aber auch „das Leben". Ihr seht, das ist ganz schön schwierig! Deshalb müsst ihr immer gut darauf achten, was das Wort bedeutet und in welchem Zusammenhang es steht.

Und ich habe noch einen Tipp für euch: Bei zusammengesetzten Wörtern zeigt dir das letzte Wort an, ob du es groß oder klein schreiben musst. Z. B. bei „Schwimmbad": ein Bad, in dem man schwimmen kann. Das letzte Wort ist „Bad". Da passt der „DAS-Hocker", also schreibst du das Wort mit einem großen Buchstabriesen. Aber bei dem Wort „grasgrün", da ist das letzte Wort „grün", und da passt die Wortartfrage „Wie ist es? – grün" Deshalb schreibst du das Wort mit einem kleinen Buchstabienchen. Achte also immer auf das letzte Wort!"

KV 3.3

Zebra-Trick Nr. 2

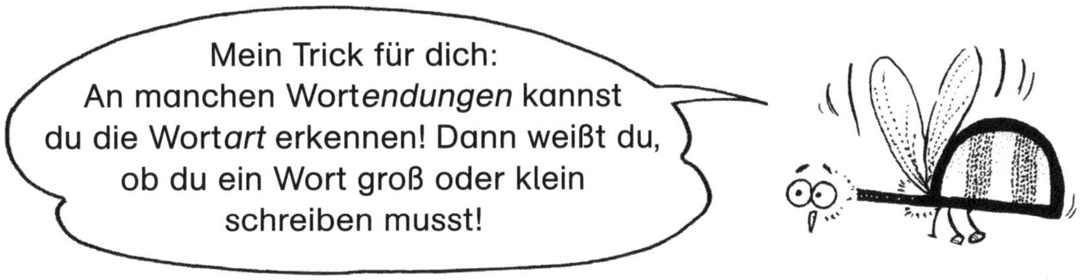

Namenwörter Nomen

Wortartfrage: „Passt DER, DIE oder DAS dazu?"

Wortendungen, die dir zeigen: Achtung! Dieses Wort ist ein Namenwort!

-en, -e, -el, -er, -ung, -heit, -keit, -nis, -tum, -schaft, -chen, -igkeit, -in, -innen, -lichkeit, -lein, -ling, -ner, -nis, -nisse, -nung

Tunwörter Verb

Wortartfrage: „Kann ich es tun?"

Wortendungen, die dir zeigen: Achtung! Dieses Wort ist ein Tunwort!

-e, -st, -t, -en, -ieren, -igen, -eln, -ern

Wiewörter Adjektiv

Wortartfrage: Wie ist es?

Wortendungen, die dir zeigen: Achtung! Dieses Wort ist ein Wiewort!

-bar, -end, -elnd, -haft, -ig, -isch, -lich, -los, -nend, -sam, -er

Aber Vorsicht! Hast du bemerkt, dass manche Wortendungen bei mehreren Wortarten vorkommen? Dann musst du die Wortartfragen stellen!
Ein besonderer Tipp für dich: Bei zusammengesetzten Wörtern zeigt dir das **letzte** Wort, ob du es mit einem großen Buchstabriesen oder einem kleinen Buchstabienchen schreiben musst! Achte also immer auf das letzte Wort!

Beispiel 1:

schwimm	+	Bad	=	Schwimmbad

DAS **B**ad, in dem man schwimmt.
Also schreibst du Schwimmbad mit einem großen Buchstabriesen.

Beispiel 2:

Gras	+	grün	=	grasgrün

Es ist **g**rün WIE Gras.
Also schreibst du grasgrün mit einem kleinen Buchstabienchen.

KV 3.4

Zilli Zebra bei den Buchstabienchen und den Buchstabriesen (2): Zebra-Auftrag Nr. 7

Sieh dir die Wörter an und unterstreiche die Wortendung. Ziehe dann einen Strich zu der richtigen Wortart! Alle Wörter sind klein geschrieben. Schreibe bei allen Wörtern, die du groß schreiben musst, den richtigen Großbuchstaben darüber!

Namenwörter (Nomen)

Tunwörter (Verb)

Wiewörter (Adjektiv)

tapferkeit lebendig fröhlich gesundheit denkst gefährlich fliegt frühling amselnester

Namenwörter (Nomen)

Tunwörter (Verb)

Wiewörter (Adjektiv)

verteidigen lebt einheimisch endlos verkäuferin herzlichkeit zeugnis

Namenwörter (Nomen)

Tunwörter (Verb)

Wiewörter (Adjektiv)

lebendig männlein verwandtschaft hindernis furchtsam Freundschaft mächtig

Namenwörter (Nomen)

Tunwörter (Verb)

Wiewörter (Adjektiv)

interessieren wanderschaft wunderbar ritterlich nahrhaft heiterkeit

Namenwörter (Nomen)

Tunwörter (Verb)

Wiewörter (Adjektiv)

spannung verreisen spannend anspannen unterwürfig lustig

KV 3.5

Zilli Zebra bei den Buchstabienchen und den Buchstabriesen (2): Zebra-Auftrag Nr. 8

Schreibe die Wörter in die passende Spalte. Trage ein, welcher Hocker passt!
Überprüfe beim letzten Wortteil immer, zu welcher Wortart es gehört.
Achte gut auf die Groß- und Kleinschreibung.

Namenwort (Nomen)

Wiewort (Adjektiv)

KV 3.6

Zilli Zebra bei den Buchstabienchen und den Buchstabriesen: Zebra-Auftrag Nr. 9, 11 und 12

Tag 1: ______________________

Tag 3: ______________________

Tag 4: ______________________

Schreibe die Wörter in die passende Spalte.
Trage ein, welcher Hocker passt! Achte besonders auf die Wortendungen!

Namenwort Nomen	Tunwort Verb	Wiewort Adjektiv
___ ______________	______________	______________
	______________	______________
___ ______________	______________	______________
	______________	______________
___ ______________	______________	______________
	______________	______________
___ ______________		
___ ______________		
___ ______________		

KV 3.7

Helferblatt für die Zebra-Aufträge 9, 11 und 12

Diktieren Sie folgende Wörter und achten Sie darauf, dass Ihr Kind bei jedem Wort den „Riesentest“ mit den Hockern macht! Zusätzlich soll es die Wortartfragen benutzen und auf die Wortendungen achten.
Wortartfragen: „Kann ich es tun?“ (Tunwort) oder „Wie ist es?“ (Wiewort)

Zebra-Auftrag Nr. 9

ritterlich, Ritterburgen, hüpfen, aufwecken, herzlich, hoffen, Behinderung, freudig, singen, Gesang, grünlich, sonnengelb, rennen, rissiger, Rücken, Hammer, erlebnisreich, Kante, abschreiben

Zebra-Auftrag Nr. 11

begreifen, finster, Finsternis, fischen, Fischer, frech, Frechheiten, ankleiden, Kleider, aufmerksam, Ekel, ekelig, ekeln, einsam, Einsamkeit, empfinden, machbar, machen

Zebra-Auftrag Nr. 12

Neuigkeiten, neu, neuartiger, erneuern, lachen, Plauderei, plaudern, nüchtern, abenteuerlich, Pusteblume, pusten, putzen, Putzeimer, putzig, Schmetterlingsflügel, naschen, Naschkatze, unterhaltsam

KV 3.8

Zilli Zebra bei den Buchstabienchen und den Buchstabriesen (2): Zebra-Auftrag Nr. 10

Tag 2: ____________________

Kreuze den richtigen Buchstaben an und schreibe ihn zum Wort. Mache für jedes Wort den Riesentest und stelle die Wortartfragen.

G/g greifen	R/r __iff	G/g __rund	A/a __ktuell
G/g __ründlich	G/g __renze	F/f __eurig	B/b __ohne
B/b __egrenzen	A/a __ffig	F/f __est	B/b __lödsinn
B/b __litzblank	F/f __allen	F/f __eucht	G/g __rausig
F/f __euchtigkeit	A/a __bfall	A/a __mpel	B/b __litzen
A/a __ngelhaken	A/a __ffe	Ä/ä __chzen	B/b __litz
G/g __urkensalat	B/b __linken	A/a __bfeuern	B/b __linker
G/g __ummiband	B/b __lass	B/b __iegsam	F/f __euer
G/g __rauenhaft	F/f __euerwerk	B/b _iegen	
A/a __benteuerlich	F/f __estlich	B/b _etrug	
A/a __berglaube	B/b __lasen	F/f __inger	
F/f __eierlichkeiten	A/a __benteuer	F/f __orelle	

Station 4:

Zilli Zebra bei den Schiebe-Schnecken (1)

Trainingsschwerpunkte
- Regelwissen: Dehnung => Dehnungs-e bei langem i (ie)

Begrüßung / Erfahrungen mit den Zebra-Aufträgen

Zum Einstieg in die Stunde erklärt der Lehrer:

Wir werden Gustav und Zilli heute weiter durch das Land der Schreibis begleiten und ein neues Wesen kennen lernen! Habt ihr alle eure Abenteuermappen mit euren erledigten Zebra-Aufträgen dabei?

Einige Kinder berichten, wie es ihnen beim Bearbeiten der Zebra-Aufträge ergangen ist.

Besprechen der Zebra-Aufträge

Jedes Kind holt seine Abenteuermappe heraus und zeigt seine bearbeiteten Zebra-Aufträge. Während sich der Lehrer die Arbeitsblätter ansieht, vergleichen die Kinder ihre Ergebnisse mit denen ihres Nachbarn. Pro gelöstes Blatt dürfen die Kinder einen Streifen von Zilli mit schwarzer Farbe anmalen.

Entspannungsspiel „Glücksfische"

Der Lehrer legt das Symbol „Entspannung" auf den OHP oder zeigt es den Kindern. Die Durchführung erfolgt wie beim Entspannungsspiel „Zaubermurmel" in Station 2 (siehe S. 31).
→ KV 4.1 als Kopie für den Lehrer

Einführungsgeschichte: Zilli Zebra bei den Schiebe-Schnecken (1)

Der Lehrer liest die Einführungsgeschichte vor oder erzählt sie frei nach.
→ KV 4.2 als Kopie für den Lehrer

Wichtige Hinweise:
Mit diesem Kapitel beginnt der Themenbereich der Dehnung. Das „ie" wird als „Dehnungs-e" bei „langem i" bezeichnet. Der Lehrer verweist immer wieder darauf, dass damit das „ie" gemeint ist. Gewählt wird dieser Begriff, um deutlicher zu machen, dass es sich hier um eine Dehnung und immer um einen lang, bzw. gedehnt ausgesprochenen Selbstlaut handelt. Wichtig ist, dass der Lehrer als Modell fungiert und immer deutlich in Silben spricht. Zwischen den Silben wird im Sprechrhythmus also eine kleine Pause gemacht, z. B. „Wie - se" oder „flie - gen", aber „wis - sen" oder „win - ken". Der Selbstlaut soll dabei etwas übertrieben kurz bzw. extra gedehnt ausgesprochen werden, so dass der Unterschied zwischen dem langen und dem kurzen i noch einmal verdeutlicht wird. Den Kindern soll dabei auch noch einmal bewusst gemacht werden, dass bei einer offenen Silbe (Silbe endet mit einem Selbstlaut) der Selbstlaut lang ausgesprochen wird, bei einer geschlossenen Silbe (Silbe endet mit einem Mitlaut) dagegen kurz. Dies gilt somit auch für das lang gesprochene „i". Als Zeichen für die Dehnung wird hierbei meist ein „Dehnungs-e" eingesetzt.
In der nächsten Station lernen die Kinder die Ausnahmeregelung (Endung -ine).
Die hier vermittelte Regel gilt nur für die Grundformen und Mehrzahl von Wörtern. In dem Wort „du fliegst" zum Beispiel ist diese Regel nicht anwendbar. Diese Wörter lernen die Kinder in einer späteren Station, in der der Trick des Verlängerns vermittelt wird. Dabei lernen die Kinder, immer die Grundform, Mehrzahl oder Steigerungsform anzuwenden, um unter anderem den Trick mit dem ie anwenden zu können. Wenn die Kinder also nachfragen, verweist der Lehrer auf die nächsten Stationen.

Zebra-Trick Nr. 3

Der Lehrer bespricht den Zebra-Trick
→ KV 4.3 als Kopie für jedes Kind sowie als Folie auf OHP .

Zebra-Auftrag Nr. 13

Der Lehrer liest gemeinsam mit den Kindern die Anweisung durch und erklärt ihnen das Vorgehen. Das Beispiel wird gemeinsam bearbeitet. Die Kinder sollen sich den Zebra-Trick zu Hilfe nehmen und deutlich in Silben sprechen. Der erste Abschnitt dient dabei dazu, das Erkennen kurzer und langer Selbstlaute einzuüben.
Dieser Auftrag wird zu zweit als Partnerarbeit durchgeführt.
→ KV 4.4 als Kopie für jedes Kind

Auflockerungsspiel: Rückenbuchstaben

Der Lehrer sagt dem Kind ein Wort. Das Kind entscheidet, ob es mit einem i oder einem ie geschrieben wird und „schreibt" dem Nachbarkind dementsprechend vorsichtig mit der Fingerspitze ein i oder ein ie auf den Rücken. Dieses Kind überprüft, ob das andere Kind richtig entschieden hat. So geht es reihum weiter.

Wörterliste:
Sitzen, fliegen, Wippe, Kinder, Schinken, Sieger, Riese, Wiege, winken, versinken, niesen, stinken, trinken, Tiere, Mist, Miete, Mitte, Wille, triefen, schniefen

Pädagogischer Hinweis:
Mit diesem Spiel werden folgende Fähigkeiten trainiert:

- Schnelles Erkennen des lang und kurz klingenden „i"
- Wahrnehmen und Einfühlungsvermögen des „Rückenbuchstabens"
- Genaues Hinhören
- Aufmerksamkeit und Konzentration
- Schnelle Entscheidungsfähigkeit

Zebra-Auftrag Nr. 14

Der Lehrer diktiert den Kindern die unten stehenden Wörter und diese tragen sie in die entsprechenden Spalte auf der Kopiervorlage ein. Wichtig ist, dass sie dabei laut in Silben sprechen und überprüfen, ob das i am Ende der Silbe steht und lang klingt. Der Lehrer erinnert daran, auch künftig immer den Riesentest mit den Hockern anzuwenden.
→ KV 4.5 als Kopie für jedes Kind

Wörterliste:
biegen, sitzen, Schinken, Biene, bieten, bitten, Ritter, Schinken, diese, wippen, Fieber, Kittel, fliegen, probieren, Spritze, Frieden, frieren, Milch, Gliederpuppe, singen

Zebra-Aufträge Nr. 15 bis 18 für die folgende Woche

Der Lehrer verteilt die Zebra-Aufträge und achtet darauf, dass die Kinder sie in ihre Abenteuermappe einordnen. Die Arbeitsaufträge können kurz besprochen werden.
→ KV 4.6 (3 x kopieren), 4.7, 4.8 als Kopie für jedes Kind

Wichtiger Hinweis:
Die Kinder sollen die Streifen für die erledigten Zebra-Aufträge erst gemeinsam mit den anderen Kindern in der folgenden Stunde einzeichnen.

Abschlussspiel: Verzauberter Selbstlaut

Der Lehrer nennt ein beliebiges Wort. Ein Kind soll nun alle Selbstlaute in ein langes „ie" verwandeln. Zum Beispiel: Aus Apfel zaubere ich „Iepfiel". Aus Affe zaubere ich „Iefie". Aus Banane zaubere ich „Bienienie". Nun denkt sich das Kind einen Begriff für das nächste Kind aus und so weiter. Wichtig ist dabei, dass die Kinder wirklich jeden Selbstlaut im Wort verwandeln (also z. B. nicht Bienane) und alle ie gedehnt aussprechen.

Pädagogischer Hinweis:
Mit diesem Spiel werden folgende Fähigkeiten trainiert:

- Phonologische Bewusstheit
- Aufmerksamkeit und Konzentration
- Wahrnehmungsfähigkeit

KV 4.1

Entspannungsspiel „Glücksfische“[8]

Mach es dir auf deinem Stuhl gemütlich und schiebe ihn ein wenig zurück, damit du genug Platz um dich herum hast. Alles, was dich sonst noch stört, z. B. deine Uhr oder Brille, legst du auf den Tisch. Atme nun tief ein ... und aus ... Schließe deine Augen und stelle dir vor, dass in deinem Kopf ein Kino abläuft ... Mit geschlossenen Augen kannst du alles ganz genau sehen, was immer du dir vorstellst ...

In Gedanken liegst du an deinem wunderschönen Lieblingsstrand ... Du spürst den weichen, warmen Sand unter dir ... atmest tief ein ... und aus ... hörst die Wellen des Meeres leise vor sich hin plätschern ... Du spürst, wie du immer ruhiger wirst ... Atme tief ein ... und aus ... Du spürst die Wärme in deinen Armen, die der Sand unter dir ausströmt ... fühlst dich schwer ... sicher ... warm ... und ganz geborgen. Deine Arme sind ganz schwer ... und warm ...

Du blickst auf das Meer hinaus und siehst, dass eine kleine, schillernd-weiße Möwe auf dich zu schwimmt ... Sie kommt näher und du staunst, als sie dich auffordert, auf ihren Rücken zu klettern. Schon bist du aufgestiegen, und plötzlich wird die Möwe viel größer, so dass du leicht auf ihrem Rücken Platz nehmen kannst ... Jetzt schwebt ihr immer höher ... hinauf in den Himmel ... Ganz leicht fühlt es sich an, ... frei ... und glücklich ... Nach einer Weile verringert die Möwe ihre Flughöhe ... und landet auf einem großen Felsen ... mitten im Meer. Du kletterst von ihrem Rücken auf den warmen Felsen und fühlst die Wärme des Steines ... fühlst, wie schwer deine Arme von dem schönen Flug geworden sind, ganz schwer ... ruhig ... und warm ... Du ruhst dich ein wenig aus ...

Die Möwe verrät dir, dass an dieser Stelle Glücksfische schwimmen ... Du hältst deine Zaubermurmel in der Hand und verrätst ihr deinen Wunsch, die Glücksfische zu sehen ... Die Murmel gibt dir Ruhe und Kraft ... „Murmel, Murmel, ich zähl bis drei! Schon bin ich richtig stark und frei!“ ... Plötzlich siehst du Bewegung im Wasser ... siehst eine Flosse ... in Regenbogenfarben ... schillernd, glitzernd und funkelnd ... Jetzt siehst du sie: ... Drei Glücksfische springen aus dem Wasser ... sie machen für dich eine fröhliche und lustige Vorstellung ... Die Möwe flüstert dir ins Ohr, dass sich alles leichter anfühlt, wenn man an die Glücksfische denkt ... wenn man Kummer hat ... oder Sorgen ... wenn man sich traurig fühlt ... oder denkt, man hätte Pech gehabt ... Dann denke an die Glücksfische, und du fühlst dich leicht ... und frei ... und gut ... Du genießt noch eine Weile das wunderschöne Schauspiel der Glücksfische ... spürst das Glück der Glücksfische ... genießt es noch eine Weile ... (10 Sek.)

Langsam machst du dich auf den Rückweg ... Du hältst die Zaubermurmel in der Hand und spürst ihre Kraft ... Auf dem Rücken der Möwe ... hoch über dem Meer schwebst du deinem Lieblingsstrand entgegen ... landest sanft auf dem warmen Sand ... Du verabschiedest dich von deinem neuen Freund, der Möwe, spürst deine Zaubermurmel in deiner Hand und erinnerst dich an deinen Satz „Murmel, Murmel, ich zähl bis drei! Schon bin ich richtig stark und frei!“ ...

Du erinnerst dich noch einmal an das schöne, ruhige und entspannte Gefühl, das du auf dem warmen Felsen hattest ... und kommst nun langsam wieder hierher in den Raum zurück ... Du spürst den Stuhl wieder unter dir, bewegst langsam deine Fingerspitzen ... Balle die Hände zur Faust ... recke und strecke dich ... mach die Augen auf ... gähne ganz laut ... atme tief ein ... und laut aus ... Jetzt bist du wieder frisch und wach hier zurück!

8 Anregungen zu den Entspannungsgeschichten aus Fuhrmann, E. (2004) und Petermann, U. (2001)

KV 4.2

Einführungsgeschichte: Zilli Zebra bei den Schiebe-Schnecken (1)

Bibbi Buchstabiene verabschiedet sich an diesem Morgen von Gustav Giraffe und Zilli Zebra und erklärt ihnen den Weg zum Reich der Schnecken. Bald entdecken die beiden lustige Hügel, die die Form von Schneckenhäusern haben. „Hallo Zilli, hallo Gustav! Ich warte schon auf euch!", hören sie hinter sich plötzlich eine gemütliche, ruhige Stimme. „Herzlich Willkommen im Reich der Schnecken! Hier wird es euch gefallen, denn bei uns geht alles gaaaanz langsam und gemächlich vor sich. Wir stehen bei den lang gesprochenen Selbstlauten und dehnen sie ganz lang, so dass jeder beim Lesen erkennen kann: sprich mich laaaaang aus! Ich bin eine Schiebe-Schnecke und mache mit meinem „e" das „i" ganz lang, ich schiebe es lang. Es gibt auch noch Dehne-Schnecken, aber die lernt ihr erst später kennen.
Nun erkläre ich euch, wann ihr mich finden könnt! Habt ihr schon eine Idee? Oder vielleicht euer Helfer! Fallen euch Wörter ein, in denen ihr mein Schiebe-„e" schon einmal gesehen habt?"
(Die Kinder sammeln Wörter mit ie.)

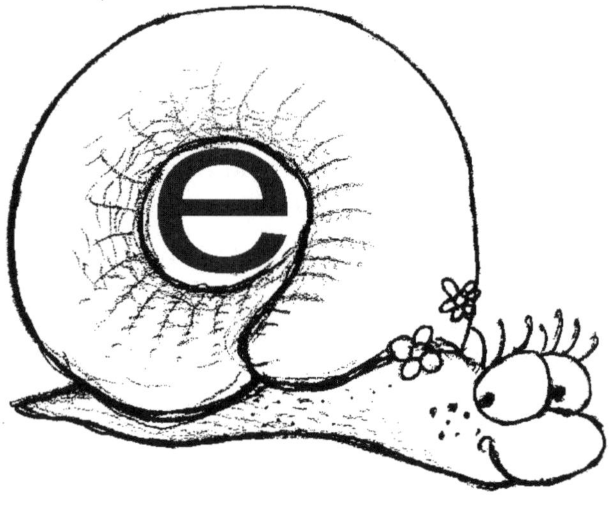

„Toll! Ihr kennt ja schon ganz viele Wörter, wo ihr eine Schiebe-Schnecke findet!", ruft die Schiebe-Schnecke. „Ihr findet mich aber nur in Wörtern, in denen das „i" gaaaanz lang gesprochen wird und in denen die Silbe deshalb auch mit dem „i" endet. Dann sitze ich neben dem „i" und ihr seht ein „ie". Ich brauche mit meinem Schneckenhaus viel Platz und sitze deshalb am Ende der Silbe."

Und die Schiebe-Schnecke erklärt weiter: „Wenn das „i" schnell gesprochen wird, steht es in der Mitte der Silbe. Kurze Selbstlaute haben noch einen Mitlaut neben sich und die Silbe schließt mit einem Mitlaut ab. Dort ist kein Platz mehr für mein großes Schneckenhaus. Dann findet ihr nur ein normales „i"."

Zilli ruft: „Oh ja, zum Beispiel im Wort „wissen". Da klingt das „i" kurz und die Silbe schließt mit einem „s" ab. Deshalb finde ich dich, liebe Schiebe-Schnecke, in dem Wort „wissen" nicht. Aber in „Wie-se". Da schließt die Silbe mit einem langen „i" ab und es ist kein Mitlaut mehr neben dem „i". Deshalb ist dort noch genügend Platz für dein Schneckenhaus!" – „Ja, genau, Zilli!", meint die Schiebe-Schnecke. „Wenn du immer meinen Trick anwendest, kann nichts mehr schief gehen. Du hast es schon sehr gut verstanden! Toll!"

KV 4.3

Zebra-Trick Nr. 3

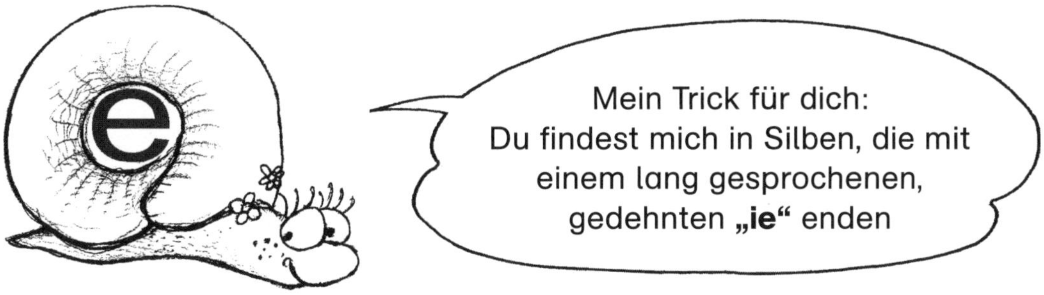

Tipp: Silben mit einem lang klingenden Selbstlaut enden mit diesem Selbstlaut. Es steht in dieser Silbe kein Mitlaut mehr neben ihnen. So ist es auch beim lang klingenden **ie.**

Ra be   Flie ge

Wenn die Silbe mit einem lang klingenden **i** endet und deshalb kein Mitlaut mehr daneben steht, schreibst du ein **e** dazu!
Das **e** beim **i** zeigt uns, dass das **i** ganz lang gesprochen wird. Du schreibst fast immer ein **ie**!

ie

Rie se   flie gen   te le fo nie ren   Bie ne

Tipp: Silben mit einem kurz klingenden Selbstlaut enden mit einem Mitlaut.
Der Selbstlaut steht in der Mitte der Silbe. So ist es auch mit dem kurz klingenden **i**.

Som mer   Kin der

Wenn die Silbe ein kurz klingendes **i** in der Mitte der Silbe hat und noch ein Mitlaut daneben steht, schreibst du meistens nur ein **i**!

Ge wit ter   win ken   Rin ge   sprin gen

KV 4.4

Zilli Zebra bei den Schiebe-Schnecken (1): Zebra-Auftrag Nr. 13

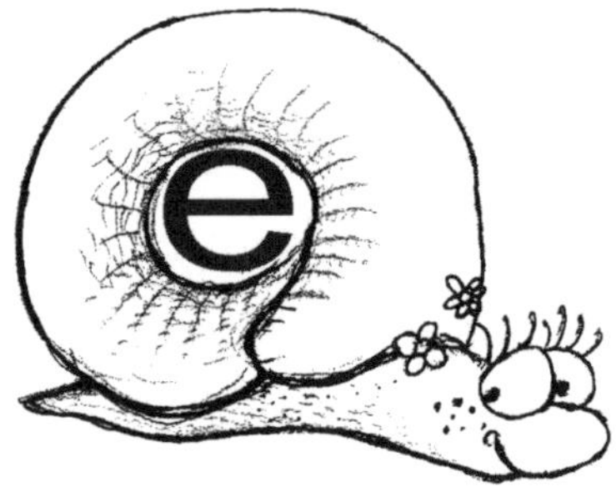

Versuche zu erkennen, welche Wörter einen lang klingenden Selbstlaut haben und welche einen kurzen!
Denk dran: Die Silben mit lang klingenden Selbstlauten enden mit diesem Selbstlaut.
Die Silben mit kurz klingenden Selbstlauten haben noch einen Mitlaut neben sich.
Zeichne das Symbol für den lang klingenden Selbstlaut ➔ ein oder das Symbol für den kurz klingenden Selbstlaut ➘ .

➔ **Re** gen	➔ **Ra** be	➘ **Ro**b be	**lau** fen	**ne**n nen	kl**i**n gen	Gew**i**t ter
G**e**schich te	s**e**l ten	G**a**r ten	b**i**t ten	verb**ie** ten	N**a** tur	
p**a**r ken	**Leu** te	**le** ben	**Lö** we	Schl**i**t ten	**Kö** nig	B**i**l der

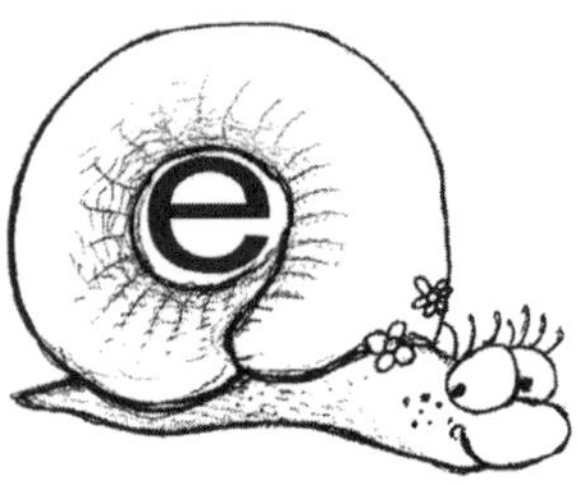

Versuche es nun mit den **i**-Wörtern! Überlege, ob das **i** lang oder kurz klingt.
Sprich das Wort laut aus. Sprich in Silben! Wenn du ein langes **i** hörst und die Silbe mit dem langen **i** endet, schreibst du zum **i** ein **e**, ein **ie**. Trage **i** oder **ie** ein!
Male um das (e) das Schneckenhaus!

H_i_t ze	R_ie_ se	Schl__t ten	Sp__t ze	verl__ ren
K__n der	S__ ger	St__l le	t__ fer	Fr__ den
Tr__t te	fl__ ßen	s__t zen	R__s se	Bl__t ze
w__ gen	n__ sen	fl__ gen	L__ der	
R__n der	T__ re	st__l ler	Sch__f fe	
z__ hen	Z__ le	R__t ter	s__ ben	
Pf__f fe	sp__ len	l__ ben	kr__ chen	

Zilli Zebra bei den Schiebe-Schnecken (1): Zebra-Auftrag Nr. 14

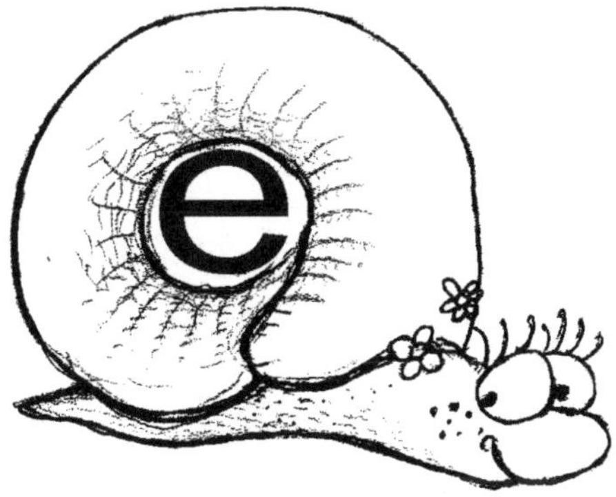

Sprich jedes Wort in Silben und überprüfe, ob du ein kurz oder ein lang klingendes i hörst. Schreibe die Wörter dann in die passende Spalte und setze den entsprechenden Pfeil über den Selbstlaut. Gib jedem e, das zu einem i gehört, das Schneckenhaus!

↘ i	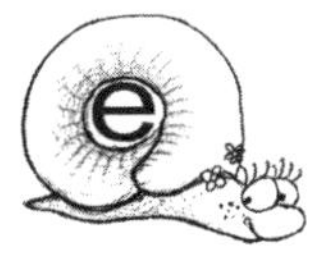 → ie

KV 4.6

Zilli Zebra bei den Schiebe-Schnecken (1): Zebra-Auftrag Nr. 15, 17 und 18

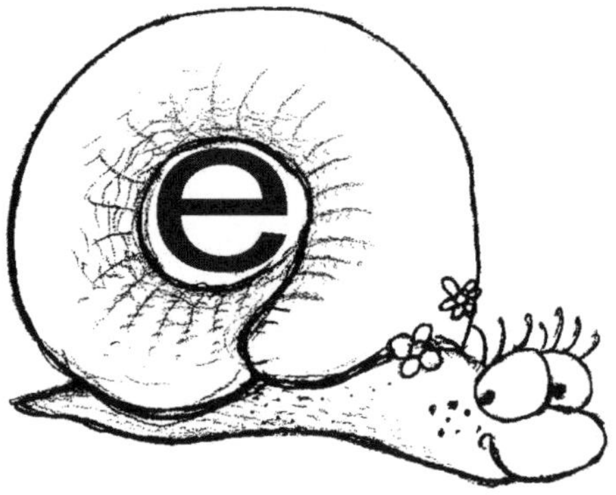

Tag 1: ____________ Tag 3: ____________ Tag 4: ____________

Sprich jedes Wort in Silben und überprüfe, ob du ein kurz oder ein lang klingendes i hörst. Schreibe die Wörter dann in die passende Spalte und setze den entsprechenden Pfeil über den Selbstlaut. Gib jedem e, das zu einem i gehört, das Schneckenhaus!

↘ i	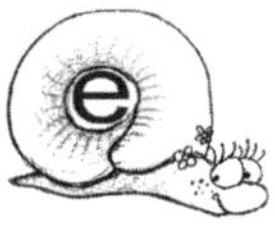 → ie

KV 4.7

Helferblatt für die Zebra-Aufträge 15, 17 und 18

Diktieren Sie folgende Wörter und achten Sie darauf, dass Ihr Kind immer deutlich in Silben spricht und bei jedem Wort überprüft, ob das i kurz oder lang gesprochen wird. Bei Wörtern, in denen das ie vorkommt, soll Ihr Kind das Schneckensymbol um das „e“ malen. Ihr Kind soll auch daran denken, in der Silbenentensprache mitzusprechen.

Zebra-Auftrag Nr. 15

Kiesel, Kissen, kippen, kriechen, Milch, sitzen, siegen, lieben, Lieder, stinken, liefern, winken, Buchfinken, liegen, Geschichte, Besenstiele, Miete, Mitte, Hitze, Siebe

Zebra-Auftrag Nr. 17

riechen, Dachrinne, Spinne, Riegel, Riemen, Bilder, Riese, Silbe, schieben, Kiefer, Silber, Zimmer, Gewichte, schielen, Lichter, Schienen, schmieren, giftiger, tiefer, Hilfe

Zebra-Auftrag Nr. 18

schwieriger, sieben, wichtiger, wilder, Siegel, siegen, Kinder, Rinder, spielen, telefonieren, Spiegel, Gewitter, Blitze, Stiefel, flicken, Pflichten, Briefe, Tiefe, Splitter, bitter

KV 4.8

Zilli Zebra bei den Schiebe-Schnecken (1): Zebra-Auftrag Nr. 16

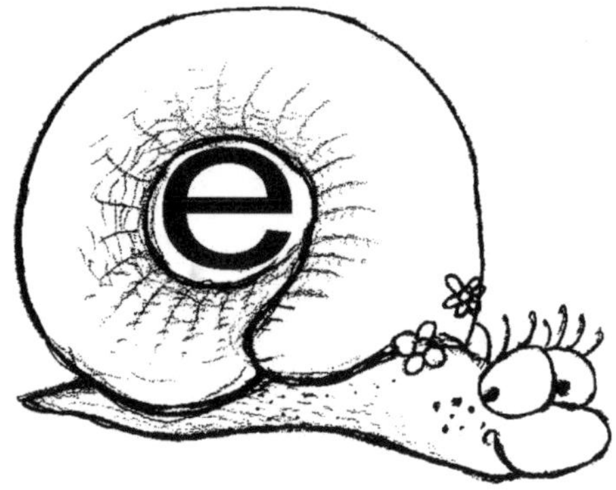

Tag 2: ______________________________

Kreuze den richtigen Buchstaben an und schreibe ihn in das Wort.
Sprich in Silben mit und überlege, ob du ein lang oder ein kurz klingendes i hörst.
Wenn du ein e zum i schreibst, male das Schneckenhaus zum e!

i / ie ☒ B_ie_ne	i / ie R___ffe	i / ie K___nder	i / ie fl___gen
i / ie verz___ren	i / ie W___dder	i / ie w___der	i / ie W___sel
i / ie W___se	i / ie w___ssen	i / ie Z___ge	i / ie z___ttern
i / ie Z___le	i / ie k___ppen	i / ie Zw___bel	i / ie interess___ren
i / ie verl___ren	i / ie M___st	i / ie K___rche	i / ie b___ten
i / ie Gesch___chte	i / ie M___te	i / ie h___nter	i / ie Kinderw___ge
i / ie b___tten	i / ie ras___ren	i / ie marsch___ren	i / ie Fl___pper
i / ie Sch___nkenbraten	i / ie w___nken		

Station 5:

Zilli Zebra bei den Schiebe-Schnecken (2)

Trainingsschwerpunkte
- Regelwissen: Dehnung => Dehnungs-e bei langem i
- Regelwissen: Ausnahmeregelung zur Endung „-ine“

Begrüßung / Erfahrungen mit den Zebra-Aufträgen

Hallo! Schön, dass ihr wieder hier seid! Wir werden Gustav und Zilli heute weiter durch das Land der Schreibis begleiten und noch ein bisschen bei den Schiebe-Schnecken bleiben! Dort werdet ihr heute die kleine Schneckine kennen lernen! Habt ihr alle eure Abenteuermappen mit euren erledigten Zebra-Aufträgen dabei?

Besprechen der Zebra-Aufträge

Jedes Kind holt seine Abenteuermappe heraus und zeigt seine bearbeiteten Zebra-Aufträge. Während sich der Lehrer die Arbeitsblätter ansieht, vergleichen die Kinder ihre Ergebnisse mit denen ihres Nachbarn. Pro gelöstes Blatt dürfen die Kinder einen Streifen mit schwarzer Farbe anmalen.
Eventuell kann auch ein „Zwischensieger“ bei den gesammelten Streifen festgestellt werden.

Entspannungsspiel „Entspannungswolke“

Der Lehrer legt das Symbol „Entspannung“ auf den OHP oder zeigt es den Kindern. Durchführung wie beim Entspannungsspiel „Zaubermurmel“ in Station 2 (siehe S. 38).
→ KV 5.1 als Kopie für den Lehrer

Einführungsgeschichte: Zilli Zebra bei den Schiebe-Schnecken (2)

Der Lehrer liest die Einführungsgeschichte vor oder erzählt sie frei nach.
→ KV 5.2 Einführungsgeschichte als Kopie für den Lehrer

In diesem Kapitel wird das Thema „ie“ vertieft. Dabei wird auch die Ausnahmeregel zur Endung „-ine“ besprochen.

Diese Regel deckt dabei die meisten Fremdwörter mit der Endung „-ine“ ab (z. B. Maschine, Apfelsine). Es gibt jedoch einige zweisilbige Wörter, bei denen diese Regel nicht greift (z. B. Biene, Schiene). Zudem gibt es Wörter, die verschiedene Bedeutungen und verschiedene Schreibweisen haben (Miene / Mine). Nicht behandelt werden zudem weitere Fremdwörter und Ausnahmen mit langem „i“ ohne „ie“-Verschriftung (z.B. Nil, Tiger, Igel).
Auf diese Ausnahmefälle können die Kinder jedoch hingewiesen werden.

Zebra-Trick Nr. 4

Der Lehrer bespricht den Zebra-Trick.
→ KV 5.3 als Kopie für jedes Kind sowie als Folie auf OHP

Zebra-Auftrag Nr. 19

Der Lehrer liest gemeinsam mit den Kindern die Anweisung durch und erklärt ihnen das Vorgehen. Das Beispiel wird gemeinsam bearbeitet. Die Kinder sollen sich den Zebra-Trick zu Hilfe nehmen und deutlich in Silben sprechen.
Dieser Auftrag wird zu zweit als Partnerarbeit durchgeführt.
→ KV 5.4 als Kopie für jedes Kind

Auflockerungsspiel: 1, 2 oder 3

In Anlehnung an die bekannte Fernsehsendung „1, 2 oder 3?“ wird auf den linken Flügel der Tafel die Nummer 1, in der Mitte die Nummer 2 und auf den rechten Flügel die Nummer 3 geschrieben. Alternativ können mit ausreichend Abstand am Boden drei Blätter mit den Nummern ausgelegt werden.
Die Kinder stellen sich in einer Reihe vor der Tafel bzw. vor den Blättern auf. Der Lehrer nennt nun ein Wort und die Kinder laufen zu der Nummer, die der richtigen Schreibweise des Wortes entspricht:
1 – Wenn das Wort zu den Schiebe-Schnecken gehört und du ein langes „i“ mit einem „e“ schreiben musst, also ein „ie“.
2 – Wenn du ein kurz gesprochenes „i“ in der Mitte einer Silbe hörst und du ein normales „i“ schreibst.
3 – Wenn das Wort zu „Schneckine“ gehört und du die Ausnahmeregel zur Wortendung „-ine“ benutzen musst.

Wörterliste:
Fliegen, Gardine, studieren, Mitte, Miete, Serpentine, Kinder, Praline, Kantine, kitzeln, Schinken, Mandarine, Sieger, Riese, Maschine, riechen, winken, Apfelsine, sinken, Fieber, Kittel, Mittel, niesen, stinken, Wille.

Pädagogischer Hinweis:
Mit diesem Spiel werden folgende Fähigkeiten trainiert:

- Schnelles Erkennen des lang und kurz klingenden „i" sowie der Wortendung „-ine"
- Genaues Hinhören
- Aufmerksamkeit und Konzentration
- Schnelle Entscheidungsfähigkeit
- Motorische Koordination
- Auf die Reaktionen der Gruppe achten

Zebra-Auftrag Nr. 20

Der Lehrer diktiert den Kindern die unten stehenden Wörter und die Kinder tragen sie in die richtige Spalte auf dem Arbeitsblatt ein. Wichtig ist, dass sie dabei in Silben sprechen und überprüfen, ob das i am Ende der Silbe steht und lang klingt. Zudem sollen sie auf die Nachsilbe „-ine" achten.
→ KV 5.5 als Kopie für jedes Kind

Wörterliste:
radieren, Lawine, probieren, Kirschen, Maschinen, Ziele, sitzen, Tinte, Kabine, biegen, sortieren, Lippen, Rosinen, Kittel, Margarine, schwitzen, Riesenrad, Rinne, Gardine, spazieren

Zebra-Aufträge Nr. 21 bis 24 für die folgende Woche

Der Lehrer verteilt die Zebra-Aufträge und achtet darauf, dass die Kinder sie in ihre Abenteuermappe einordnen. Die Arbeitsaufträge können kurz besprochen werden.
→ KV 5.6 (3 x kopieren), 5.7, 5.8 als Kopie für jedes Kind

Wichtiger Hinweis:
Die Kinder sollen die Streifen für die erledigten Zebra-Aufträge erst gemeinsam mit den anderen Kindern in der folgenden Stunde einzeichnen.

Abschlussspiel: Schneckine

Die Kinder sollen „Kunstwörter" mit der Endung „-ine" erfinden, um die Schneckine zu erfreuen. Denn es gibt für Schneckine nicht viele Wörter, und so sollen ihr die Kinder Schneckine-Wörter schenken. Dabei sollen dies keine echten Wörter sein, um keine falschen Assoziationen zu knüpfen. Um den Schwierigkeitsgrad etwas zu erhöhen, soll jeweils das Nachbarkind vorgeben, wie viele Silben das nächste Wort haben soll (z. B. nur 3 Silben (poline), oder aber auch 6 Silben (malakotafine)).
Das Spiel kann so lange gespielt werden, bis den Kindern nichts mehr einfällt, oder nach ca. 5 Minuten abgebrochen werden. Beispiel: Kalam- ine, solopot- ine, folos- ine, etc.

Pädagogischer Hinweis:
Mit diesem Spiel werden folgende Fähigkeiten trainiert:

- Phonologische Bewusstheit (Erfinden von Kunstwörtern, Silben erkennen)
- Wortbausteine aneinanderfügen
- Aufmerksamkeit und Konzentration
- Wahrnehmungsfähigkeit

KV 5.1

Entspannungsspiel „Entspannungswolke“[9]

Mache es dir auf deinem Stuhl gemütlich und schiebe ihn ein wenig zurück, damit du genug Platz um dich herum hast. Alles, was dich sonst noch stört, z. B. deine Uhr oder Brille, legst du auf den Tisch. Atme nun tief ein ... und aus ... Schließe deine Augen und stelle dir vor, dass in deinem Kopf nun wieder ein Kino abläuft, ein „Kopfkino“ ... Mit geschlossenen Augen kannst du alles ganz genau sehen, was immer du dir vorstellst ...

Schon liegst du in Gedanken an deinem wunderschönen Lieblingsstrand ... Du spürst den weichen, warmen Sand unter dir ... atmest tief ein ... und aus ... hörst die Wellen des Meeres leise vor sich hin plätschern ... Du spürst, wie du immer ruhiger wirst ... Atme tief ein ... und aus ... Du spürst die Wärme in deinen Armen, die der Sand unter dir ausströmt ... fühlst dich schwer ... sicher ... warm ... und ganz geborgen.

Du blickst auf das Meer hinaus und siehst, dass eine kleine, schillernd-weiße Möwe auf dich zu fliegt ... Sie kommt näher und fordert dich auf, auf ihren Rücken zu klettern. „Hast du dir schon einmal vorgestellt, auf einer Wolke zu liegen und die Welt von weit oben zu betrachten? Ich werde dich heute zu einer ganz besonders schönen Wolke bringen. Komm, setz dich auf meinen Rücken.“ Schon bist du aufgestiegen, und plötzlich wird die Möwe viel größer, so dass du leicht auf ihrem Rücken Platz nehmen kannst.

Schon schwebt ihr immer höher ... hinauf in den Himmel ... Ganz leicht fühlt es sich an, ... frei ... und glücklich ... Nach einer Weile steuert die Möwe auf eine riesengroße, fedrig und luftig leicht aussehende weiße Wolke zu ... Wie Watte sieht sie aus ... Wie sich die Wolke wohl anfühlt? ... Immer näher kommt ihr an die Wolke heran ... Ihr landet ... weich ... wie inmitten eines warmen, samtig weichen Bettchens ... Es fühlt sich an wie Zuckerwatte ... Es schmeckt wie Zuckerwatte ... süß, angenehm duftend, weich und zart ... Die Möwe nimmt neben dir Platz ... Ihr macht es euch gemütlich ... Da öffnet sich die Wolke neben euch und ihr seht hinunter auf die Erde ... Wie klein alles aussieht ... ihr seht Bäume unter euch, Wiesen ... Häuser ... und Autos ... Tiere und viele Menschen ... Wie beschäftigt sie alle aussehen ... Von so weit oben siehst du alles ganz entspannt, ... ruhig ... und gelassen ... Du nimmst dir vor, wenn du wieder einmal Kummer oder Sorgen hast, traurig bist oder dich nicht konzentrieren kannst, alles aus der Perspektive deiner Wolke zu betrachten ... Du spürst deine Zaubermurmel in deiner Hand ... Du denkst an den Satz „Murmel, Murmel, ich zähl bis drei! Schon bin ich richtig stark und frei!“ ... Du genießt das angenehme Gefühl auf deiner Wolke ... genießt die Stimmung ... (10 Sek.)

Dann gibt die Möwe dir ein Zeichen, wieder aufzusteigen ... Gemächlich macht ihr euch auf den Rückweg ... Du hältst die Zaubermurmel in der Hand und spürst ihre Kraft ... Auf dem Rücken der Möwe hoch über dem Meer schwebst du deinem Lieblingsstrand entgegen ... Ihr landet sanft auf dem warmen Sand ... Du verabschiedest dich von deinem Freund, der Möwe, spürst deine Zaubermurmel in deiner Hand und erinnerst dich an deinen Satz „Murmel, Murmel, ich zähl bis drei! Schon bin ich richtig stark und frei!“ ... Du kommst nun langsam wieder hierher in den Raum zurück ... Du spürst den Stuhl wieder unter dir, bewegst langsam deine Fingerspitzen ... Balle die Hände zur Faust ... recke und strecke dich ... mach die Augen auf ... gähne ganz laut ... atme tief ein ... und laut aus ... Jetzt bist du wieder frisch und wach hier zurück!

9 Anregungen zu den Entspannungsgeschichten aus Fuhrmann, E. (2004) und Petermann, U. (2001)

KV 5.2

Einführungsgeschichte: Zilli Zebra bei den Schiebe-Schnecken (2)

Zilli Zebra und Gustav Giraffe wachen an diesem Morgen durch ein sanftes Stupsen an ihren Beinen auf. „Guten Morgen!“, gähnt die Schiebe-Schnecke. „Seht ihr, wie gemütlich hier alles bei uns ist? Ihr habt lange geschlafen! Ich habe gesehen, dass ihr viele Schneckenhäuser eingezeichnet habt! Das ist schön!“
„Ja, wir haben in vielen Wörtern dein Schneckenhaus gefunden! Mit deinem Trick ist das alles ganz leicht! Kennst du etwa noch einen Trick für uns?“
„Ja, ich würde euch gerne noch die kleine Schneckine vorstellen! Schneckine ist eine ganz besondere Schnecke, die euch eine Ausnahmeregel zeigen möchte!“

Gemeinsam machen sie sich auf den Weg, um die kleine Schneckine zu besuchen. Von Weitem winkt diese ihren Besuchern schon zu. Lustig sieht sie aus, die kleine Schneckine! Wie eine Schnecke, an deren Schneckenhaus die drei Buchstaben „-ine“ hängen!
„Hallo! Darf ich mich vorstellen? Ich bin Schneckine! Ich bin eine ganz besondere Schiebe-Schnecke und ich hoffe, ihr könnt euch gut merken, dass es mich gibt! Obwohl ich zu den Schiebe-Schnecken gehöre, weil mein „i“ ganz lange klingt, habe ich kein Schiebe-**e** dazu bekommen! Denn nach meinem „i“ kommen noch ein „n“ und ein „e“. Die drei Buchstaben „ine“ gehören also zusammen. Wenn ein Wort mit ihnen endet, dann darf **kein e** zu dem i!“

„Aha“, meint Zilli. „Ich verstehe. Du meinst also, wie bei dem Wort „Rosine“. Das Wort endet mit „-ine“, und obwohl ich das „i“ in Ro-si-ne ganz lange spreche und das i am Ende der Silbe steht, schreibe ich kein Schiebe-**e**! Und zwar deshalb nicht, weil das Wort mit „-ine“ endet!“
„Ja, genau, Zilli! Gut gemacht! Natürlich gilt das auch für viele Rosinen! Wenn ich also mehrere davon habe, und das Wort mit **„-inen“** endet, darf ich auch kein **e** zu diesem **i** schreiben!“

Gustav überlegt: „Mir fällt noch ein Wort ein. Bei Maschine, da schreibe ich auch kein **i** mit einem **e** dazu. Sondern nur ein **i**, obwohl ich es so lange spreche und die Silbe mit dem **i** endet: Ma-sch**i**-ne. Bei Ma-sch**i-nen** ist es genauso. Schneckine, das ist ein toller Trick! Vielen Dank dafür!“

KV 5.3

Zebra-Trick Nr. 4

Mein Trick für dich:
Pass immer gut auf,
ob ein Wort mit **„-ine“**
oder mit **„-inen“** endet!

Tipp: Wenn ein Wort mit **„-ine“** oder mit **„-inen“** endet, darfst du kein „Schiebe-**e**“ zum **i** schreiben!

Das **i** von **„-ine“** wird zwar lang gesprochen und steht am Ende der Silbe, aber weil es zu den Schneckinen gehört, wird es ohne Schiebe-**e** geschrieben!

Aber: Dies gilt nur für Wörter, die mehr als zwei Silben haben!
Also z. B. nicht für das Wort „Bie-ne“!

Ro s**i** **ne**

Ma sch**i** **ne**

Achtung!
Sieh dir das Wortende
immer genau an und sieh nach,
ob du ein **„-ine“** oder ein
„-inen“ findest!

Ich habe noch einen weiteren Tipp für dich! Wenn ein Tunwort (Verb) mit der Silbe **„-ieren“** endet, schreibst du immer ein **i** mit einem Schiebe-**e**, also mit einem **ie**! Du kannst es auch hören, da das **i** lang klingt und am Ende der Silbe steht!

ver l**ie** **ren**   te le fo n**ie** **ren**   ra d**ie** **ren**

KV 5.4

Zilli Zebra bei den Schiebe-Schnecken (2): Zebra-Auftrag Nr. 19

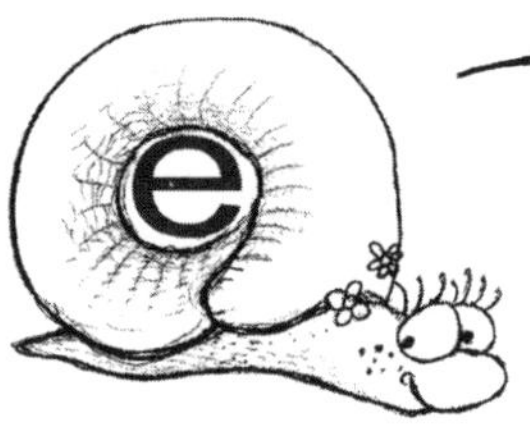

Denk dran:
wenn eine Silbe mit einem **langen i endet,** brauchst du ein Schiebe-**e**! Wenn das **i kurz klingt** und mitten in der Silbe steht, schreibst du **kein** Schiebe-**e**!

Wenn ein Wort mit „**-ine**" endet, schreibst du auch **kein** Schiebe-**e**!

Versuche es nun mit den i-Wörtern! Setze ein i ein. Überlege, ob das i lang oder kurz klingt oder ob du eine Schneckine findest!
Sprich das Wort laut in Silben, setze die Silbenbögen darunter und trage ein i oder ie ein. Male um das (e) der Schiebe-Schnecke das Schneckenhaus! Unterstreiche das „-ine" der Schneckine!

T i n t e	L ie b e	K __ t t e l	m a r s c h __ r e n
R o s __ n e	p a s s __ r e n	s t __ n k e n	G a r d __ n e
H __ m m e l	K a b __ n e	w __ n k e n	L a w __ n e
f __ n d e n	f r __ r e n	M __ t t e	f l __ g e n
b __ t t e n	b __ t e n	R __ m e n	R u __ n e
g a r a n t __ r e n	M a n d a r __ n e		
t e l e f o n __ r e n	D a c h g __ b e l		
M a n d o l __ n e	Z __ g e l s t e i n e		
i n t e r e s s __ r e n			

KV 5.5

Zilli Zebra bei den Schiebe-Schnecken (2): Zebra-Auftrag Nr. 20

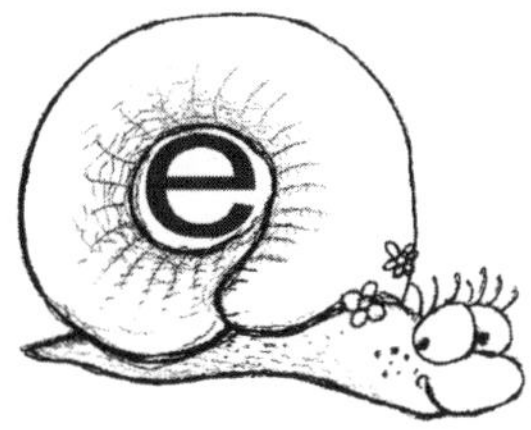

Sprich jedes Wort in Silben. Überprüfe,
ob du ein kurz oder ein lang klingendes i hörst.
Schreibe das Wort dann in die passende Spalte.
Trage den entsprechenden Pfeil für den Selbstlaut ein.
Gib jedem e, das zu einem i gehört, das Schneckenhaus der Schiebe-Schnecke!
Überprüfe auch, ob ein Wort zu den Schneckinen gehört, und unterstreiche das „-ine".

i	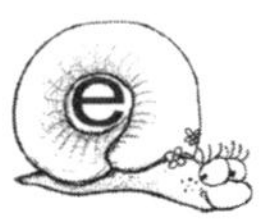 i e	 -ine/-inen

KV 5.6

Zilli Zebra bei den Schiebe-Schnecken (2): Zebra-Auftrag Nr. 21, 23 und 24

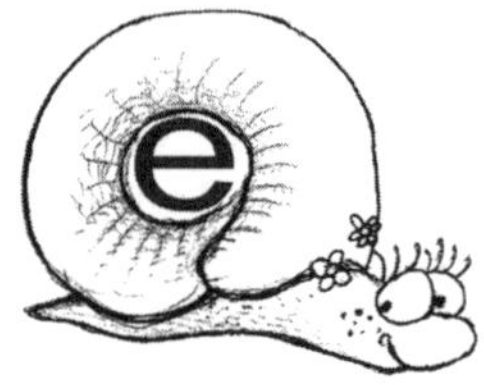

Tag 1: ____________________ Tag 3: ____________________ Tag 4: ____________________

Sprich jedes Wort in Silben. Überprüfe, ob du ein kurz oder ein lang klingendes i hörst. Schreibe das Wort dann in die passende Spalte. Trage den entsprechenden Pfeil für den Selbstlaut ein.
Gib jedem e, das zu einem i gehört, das Schneckenhaus der Schiebe-Schnecke!
Überprüfe auch, ob ein Wort zu den Schneckinen gehört, und unterstreiche das „-ine“.

↘ i	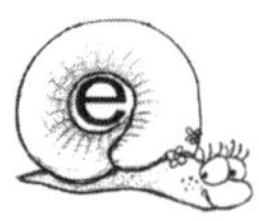 → i e	 -ine/-inen

KV 5.7

Helferblatt für die Zebra-Aufträge 21, 23 und 24

Diktieren Sie folgende Wörter. Achten Sie darauf, dass Ihr Kind immer deutlich in Silben spricht und bei jedem Wort überprüft, ob das i kurz oder lang gesprochen wird. Bei Wörtern, in denen das ie vorkommt, soll Ihr Kind das Schneckensymbol um das „e" malen. Die Endung „-ine" soll unterstrichen werden.

Zebra-Auftrag Nr. 21

gratulieren, Serpentine, Liste, Sardine, probieren, Blitze, Briefe, Spiegel, Tintenkiller, bitte, Nieren, Mittel, Pfiffe, reparieren, Rosine

Zebra-Auftrag Nr. 23

dicker, Blicke, rasieren, Mandarine, tiefer, Turbine, Apfelsine, Dachrinne, Schienen, beginnen, Haustiere, Zimmertüren, Ziele, Nudelsiebe, reduzieren

Zebra-Auftrag Nr. 24

Kantine, Stifte, Zwiebel, musizieren, schieben, blamieren, kitzeln, Stille, sitzen, bedienen, Margarine, Frieden, interessieren, Pinsel, Kabine

KV 5.8

Zilli Zebra bei den Schiebe-Schnecken (2): Zebra-Auftrag Nr. 22

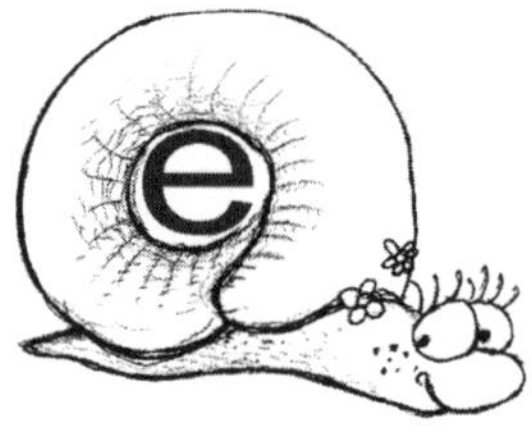

Tag 2: ______________________________

In jedem Wort fehlt ein i oder ein ie.
Überlege, ob das i lang oder kurz klingt oder ob du eine Schneckine findest!
Sprich das Wort laut in Silben, setze die Silbenbögen darunter und trage ein i oder ie ein.
Male um das (e) das Schneckenhaus der Schiebe-Schnecke! Unterstreiche das „-ine“ der Schneckine!

br_i_ngen	D_ie_be	s__ngen	tr__nken
Kant__ne	kontroll__ren	s__tzen	s__gen
T__fe	Serpent__ne	G__rlande	f__nster
kl__ngeln	Sch__lderungen	Z__rkel	Gard__ne
h__nter	buchstab__ren	rad__ren	sch__ben
ras__ren	repar__ren	br__ngen	
H__mmel	fotograf__ren		
L__der	Margar__ne		

Station 6:

Zilli Zebra bei den Dehne-Schnecken (1)

Trainingsschwerpunkte
- Regelwissen: Dehnung => Dehnungs-h bei lang klingendem Selbstlaut vor l, m, n , r
- Regelwissen: „silbentrennendes h“ zwischen zwei Selbstlauten

Begrüßung / Erfahrungen mit den Zebra-Aufträgen

Hallo! Schön, dass wir heute wieder beisammen sind! Natürlich werden wir Gustav und Zilli weiter durch das Land der Schreibis begleiten. Da Zilli und Gustav sich mit den Schiebe-Schnecken nun schon so gut auskennen, werden sie heute weiterwandern. Mal sehen, wen sie heute kennen lernen! Habt ihr alle eure Abenteuermappen mit euren erledigten Zebra-Aufträgen dabei?

Besprechen der Zebra-Aufträge

Jedes Kind holt seine Abenteuermappe heraus und zeigt seine bearbeiteten Zebra-Aufträge. Während sich der Lehrer die Arbeitsblätter ansieht, vergleichen die Kinder ihre Ergebnisse mit denen ihres Nachbarn. Pro gelöstes Blatt dürfen die Kinder einen Streifen mit schwarzer Farbe anmalen.
Eventuell kann bereits ein „Zwischensieger“ bei den gesammelten Streifen festgestellt werden.

Entspannungsspiel „Regenbogen“

Der Lehrer legt das Symbol „Entspannung“ auf den OHP oder zeigt es den Kindern. Die Durchführung erfolgt wie beim Entspannungsspiel „Zaubermurmel“ in Station 2 (siehe S. 31).
→ KV 6.1 als Kopie für den Lehrer

Einführungsgeschichte: Zilli Zebra bei den Dehne-Schnecken (1)

Der Lehrer liest die Einführungsgeschichte vor oder erzählt sie frei nach.
→ KV 6.2 als Kopie für den Lehrer
→ KV 6.3 als Kopie für den Lehrer
→ KV 6.4 als Folie auf dem OHP

In diesem Kapitel wird das Thema „Dehnungs-h“ (oder „stummes h“) eingeführt. Dabei wird auch das „silbentrennende h“ eingeübt.

Die Rechtschreibregel zum Dehnungs-h weist erhebliche Schwierigkeiten auf, da es nur relativ vage Orientierungshilfen mit vielen Ausnahmen, aber keine feste Regel gibt. In manchen Rechtschreibförderprogrammen (z .B. Freiburger Rechtschreibschule; siehe auch Michel, H.-J., 2000 und Rinderle, B., 2006) werden Wörter mit Dehnungs-h daher als Merkwörter geübt, ohne den betroffenen Kindern eine entsprechende Regel anzubieten. In anderen Förderprogrammen, wie dem Marburger Rechtschreibtraining (Schulte-Körne, 2007), wird eine Regel zum Dehnungs-h und „silbentrennenden h“ besprochen. Da der Umfang von Wörtern mit Dehnungs-h aus Sicht der Autorin zu umfangreich ist, um sie auswendig zu lernen, wird im vorliegenden Förderprogramm in Anlehnung z. B. an Schulte-Körne (2007) die Regel zum Dehnungs-h tatsächlich besprochen. Diese ist jedoch weniger als strenge Regel zu verstehen, sondern als Orientierungshilfe. Das sollte den Kindern gegenüber auch immer wieder betont werden, ebenso wie die Tatsache, dass es sehr viele Ausnahmen gibt und einige Wörter einfach nicht erklärt werden können, sondern auswendig gelernt werden müssen. Dies wird jedoch erst in der nächsten Station besprochen. Wichtig ist, dass die Kinder das Prinzip des Dehnungs-h verstehen: Es zeigt an, dass ein Vokal (vor einem unauffälligen Buchstaben wie dem l, m, n und r) lang gesprochen wird, und dient somit als Lesehilfe. Diese Regel gehört zum Themenbereich der Dehnung (Reich der Schnecken), es handelt sich also immer um lang klingende Selbstlaute.

Zebra-Trick Nr. 5

Die Erklärungen zum Zebra-Trick werden in die Einführungsgeschichte eingeflochten. Der Lehrer betont beim oberen Abschnitt, dass es sich bei diesem Zebra-Trick um eine Orientierungshilfe handelt, dass es aber sehr viele Ausnahmen gibt. Einige dieser Ausnahmen werden in der nächsten Station besprochen.
Beim unteren Abschnitt macht der Lehrer besonders darauf aufmerksam, dass es bei diesem Trick ganz besonders wichtig ist, deutlich in Silben zu sprechen und zwischen den Silben eine kurze Sprechpause zu machen.
→ KV 6.4 als Kopie für jedes Kind sowie als Folie auf OHP

Zebra-Aufträge Nr. 25 und 26

Der Lehrer bespricht die Zebra-Aufträge mit den Kindern. Die Kinder sollen sich den Zebra-Trick zu

Hilfe nehmen, gut nachdenken und deutlich in Silben sprechen. Der Lehrer sollte darauf achten, dass die Kinder immer gut überlegen, ob der Selbstlaut wirklich lang klingt. Beispiel: Ke_r ze! Hier steht nach dem „e“ ein „r“, also handelt es sich um ein kurz klingendes „e“ in einer geschlossenen Silbe, daher folgt kein Dehnungs-h! Diese Wörter werden nach dem Erledigen des Auftrags gemeinsam besprochen! Zur Orientierungshilfe für den lang/kurz klingenden Selbstlaut sind zwischen den Silben Leerzeichen eingefügt.
Diese Aufträge werden zu zweit als Partnerarbeit durchgeführt. Sollte noch genug Zeit zur Verfügung stehen, können zum Abschluss einige Wörter davon diktiert werden.
→ KV 6.5 als Kopie für jedes Kind
→ KV 6.6 als Kopie für jedes Kind

Auflockerungsspiel: Ich sehe was, was du nicht siehst

Nach den bekannten Regeln des Spiels „Ich sehe was, was du nicht siehst“ denkt sich reihum ein Kind einen Gegenstand aus, den die anderen Kinder erraten sollen. Es dürfen dabei jedoch nur Wörter genannt werden, die ein Dehnungs-h oder „silbentrennendes h“ enthalten. Als Zusatzhilfe dürfen die Kinder evtl. den Anfangsbuchstaben des Wortes nennen. Beispiel: „Ich sehe was, was du nicht siehst, und das ist braun und beginnt mit L.“ (z. B. die Lehne von einem Stuhl).

Pädagogischer Hinweis:
Mit diesem Spiel werden folgende Fähigkeiten trainiert:
- Assoziieren von Wörtern mit Dehnungs-h und „silbentrennendem h“
- Phonologische Bewusstheit (Anlaut finden)
- Genaues Zuhören
- Aufmerksamkeit und Konzentration
- Auf die Reaktionen der Gruppe achten

Zebra-Auftrag Nr. 27

Der Lehrer diktiert den Kindern die nachfolgend aufgeführten Wörter. Diese tragen sie in die richtige Spalte ein. Wichtig ist, dass sie dabei in Silben sprechen. Sie sollen überprüfen, ob das h hörbar gemacht werden kann, ob ein l, m, n oder r nach dem lang klingenden Selbstlaut steht oder ob gar kein h in dem Wort vorkommt, da entweder der Selbstlaut kurz klingt oder ein anderer Buchstabe als l, m, n oder r nach dem lang klingenden Selbstlaut folgt. Die Kinder sollen darüber hinaus immer die entsprechenden Symbole eintragen!
→ KV 6.7 als Kopie für jedes Kind

Wörterliste:
Zahlen, gehen, Nebel, Keller, reden, Söhne, Schinken, Reise, Regen, Tanne, Kühe, Sonne, flehen, Gabel, fühlen, Mühe, Welle, nehmen, drehen, Wetter, fahren, dehnen, Blüten, leihen, Fahne, Himmel, bemühen, leben

Zebra-Aufträge Nr. 28 bis 32 für die folgende Woche

Der Lehrer verteilt die Zebra-Aufträge und achtet darauf, dass die Kinder sie in ihre Abenteuermappe einordnen. Die Arbeitsaufträge können kurz besprochen werden.
→ KV 6.8, KV 6.9, KV 6.10 (3 x kopieren), KV 6.11 als Kopie für jedes Kind

Abschlussspiel: Reise nach Jerusalem

Die Stühle der Kinder werden in einer Reihe oder im Kreis aufgestellt. Man benötigt einen Stuhl weniger, als Kinder mitspielen. Die Kinder gehen um die Stühle herum. Der Lehrer liest ein Wort nach dem anderen vor. Immer dann, wenn der Lehrer ein Wort nennt, das ein Dehnungs-h enthält (Achtung, nur bei Dehnungs-h, nicht bei „silbentrennendem h“), setzen sich die Kinder auf einen Stuhl. Da ein Stuhl zu wenig ist, bleibt immer ein Kind übrig, das dann ausscheidet und sich an den Rand setzt. Es wird ein Stuhl weggenommen und die nächste Runde beginnt. Wer in der letzten Runde auf dem Stuhl sitzt, ist der Sieger.

Wörterliste:
Ameise, Regenbogen, **benehmen,** Gefängnis, Kittelschürze, Gewitterwolke, **Fühler,** Denksportaufgabe, Reisekoffer, Kuchengabel, Kühe, Pinsel, Löcher, **Mehl,** Sofa, Tafel, **Gefühle,** Ritter, Fledermaus, Kröte, Kreisel, Keller, Spinne, **fahren,** Robbe, stehen, Richter, Rentner, richtig, **Bühne,** Frösche, Kuchengabel, Knoten, Teich, **Sahne,** Sand, Wetter, Gurke, Tomate, Salz, Oktober, Herbst, Geschenke, **Nahrung,** merken, Pendel, Haus, Baum, Bett, sehen, Kirche, Kinder, **Zähne,** Gerüchte, lachen, Gesichter, Dezember, Birnen, Wind, Kapuze, **Jahre**

Falls nur wenige Kinder in der Gruppe sind, kann das Spiel einige Runden ohne Ausscheiden gespielt werden.

Pädagogischer Hinweis:
Mit diesem Spiel werden folgende Fähigkeiten trainiert:
- Genaues Hinhören
- Lautwahrnehmung: schnell und langsam gesprochener Selbstlaut
- Vertiefen der Regel zum Dehnungs-h
- Motorische Koordination
- Schnelles Reagieren
- Auf die Reaktionen der Gruppe achten

KV 6.1

Entspannungsspiel „Regenbogen“[10]

Mache es dir auf deinem Stuhl gemütlich ... Atme nun tief ein ... und aus ... Schließe deine Augen und stelle dir vor, dass in deinem Kopf wieder ein Kino abläuft ...

Schon liegst du in Gedanken wieder an deinem wunderschönen Lieblingsstrand ... Du spürst den weichen, warmen Sand unter dir ... atmest tief ein ... und aus ... hörst die Wellen des Meeres leise vor sich hin plätschern ... In deiner Hand hältst du deine Zaubermurmel ... Sie gibt dir Ruhe, Kraft und Konzentration ... Du denkst an den Satz „Murmel, Murmel, ich zähl bis drei! Schon bin ich richtig stark und frei!“ ... spürst, wie du sofort ganz ruhig wirst ... Atme tief ein ... und aus ... Du spürst die Wärme des Sandes ... fühlst dich schwer ... warm ... und geborgen ...

Du blickst auf das Meer hinaus und entdeckst die kleine, schillernd weiße Möwe auf dich zufliegen ... Du freust dich auf sie ... Da erscheint plötzlich ein riesengroßer, schillernder Regenbogen am Himmel ... Die Möwe fordert dich auf, mit ihr auf den Regenbogen zu klettern ... Deine Zaubermurmel erinnert dich daran, dass du alles schaffen kannst ... „Murmel, Murmel, ich zähl bis drei! Schon bin ich richtig stark und frei!“ ... Du konzentrierst dich ... und plötzlich siehst du vor deinen Füßen den wunderbar schillernden Regenbogen ... Du hast es geschafft ... Allein mit deiner Gedankenkraft und Konzentration hast du den Regenbogen direkt zu dir gewünscht ...

Die kleine weiße Möwe gibt dir ein Zeichen, dass ihr nun auf den Regenbogen klettern könnt ... Du schaffst es. Immer weiter bergauf kletterst du auf den Farben des Regenbogens ... Mal versinkst du in sattem Rot ... spürst das Rot ganz in dir ... Und schon tauchst du ganz ein in das Orange ... Fröhlich und frisch fühlt sich das an ... Du kletterst immer weiter bergauf ... bist nun umhüllt von strahlendem Gelb ... Voller Energie fühlst du dich ... Nun bist du mitten im Grün des Regenbogens ... fühlst dich zufrieden und entspannt ... Wie schön es ist, durch alle Farben des Regenbogens zu wandern ... Jetzt tauchst du ein in ein zartes Blau ... wie der Himmel ... wirst ganz ruhig ... und immer entspannter ... Schon kommst du in ein tiefes, sattes Blau ... spürst die Kraft und Stärke dieser Farbe ... bis du zum Schluss in kraftvollem Violett schwebst ...

Alle Farben des Regenbogens hast du nun in dir gespürt ... und hast nun den obersten Punkt des Regenbogens erreicht ... Du genießt das erhabene Gefühl, ganz oben auf dem Regenbogen ... bist stolz auf dich, weil du den Regenbogen mit deiner ganzen Kraft hinaufgeklettert bist ... Zufrieden genießt du nun den Blick über das Meer ... fühlst dich entspannt, sicher und vollkommen ruhig ... genießt das Gefühl noch eine Weile ... (10 Sek.)

Die kleine Möwe gibt dir ein Zeichen, dass ihr den Regenbogen hinunterrutschen könnt ... mit einem Schwung gleitest du auf seinen Farben hinab, nach unten ... Du genießt die rasante Fahrt auf den Regenbogenfarben ... Sanft landet ihr im weichen Sand deines Lieblingsstrandes ... Du verabschiedest dich von der Möwe, spürst deine Zaubermurmel in deiner Hand und erinnerst dich an deinen Satz „Murmel, Murmel, ich zähl bis drei! Schon bin ich richtig stark und frei!“ ... Du erinnerst dich noch einmal an das schöne, ruhige und entspannte Gefühl, das du auf dem Regenbogen hattest ... und kommst nun langsam wieder hierher in den Raum zurück ... Du spürst den Stuhl wieder unter dir, bewegst langsam deine Fingerspitzen ... Balle die Hände zur Faust ... recke und strecke dich ... mach die Augen auf ... gähne ganz laut ... atme tief ein ... und laut aus ... Jetzt bist du wieder frisch und wach hier zurück!

10 Anregungen zu den Entspannungsgeschichten aus Fuhrmann(2004) und Petermann (2001)

KV 6.2

Einführungsgeschichte Teil 1: Zilli Zebra bei den Dehne-Schnecken (1)

Zilli Zebra und Gustav Giraffe machen sich auf den Weg zu den Dehne-Schnecken, die ganz nah bei den Schiebe-Schnecken wohnen. Und tatsächlich, schon bald entdecken Zilli und Gustav am Wegrand eine Schnecke, die bereits auf die beiden wartet.
„Hallo!“, brummt die Schnecke gemütlich. „Willkommen! Ich heiße Dehnina und bin eine Dehne-Schnecke. Schön, dass ihr hier seid! Ich werde euch gerne einen neuen Trick schenken! Doch ...“, zögert Dehnina, „ich muss euch etwas verraten: Wir sind hier etwas eigenwillig! Bei uns gibt es einige Dehne-Schnecken, die einfach machen, was sie wollen, und immer wieder aus der Reihe tanzen. Sie halten sich einfach nicht an unsere Regeln, und so ist es in unserem Reich manchmal etwas kompliziert. Traut ihr euch trotzdem, meinen Trick zu lernen?“
Zilli wird ganz blass. Regeln, die aus der Reihe tanzen – das traut sie sich eigentlich noch nicht zu! Gustav aber stupst sie an: „Zilli, du hast doch deinen Helfer. Alle zusammen werden wir es schaffen!“
„Na klar schafft ihr das!“, ruft Dehnina. „Ich zeige euch erst einmal die Dehne-Schnecken, die sich an die Regeln halten. Und in der nächsten Station zeige ich euch dann unsere eigenwilligen Mitbewohner! Einverstanden?“
Nun willigt Zilli ein und Dehnina erklärt: „Also, ihr habt ja schon die Schiebe-Schnecken und ihr Schiebe-e kennen gelernt. Nach einem lang klingenden **i** steht meistens ein Schiebe-**e**, das das i ganz lang macht. Es gibt aber auch noch ein anderes Zeichen, das Selbstlaute (Vokale) manchmal ganz lang macht: das **Dehne-h!** Ihr sagt vielleicht auch „Dehnungs-h“ oder „stummes h“ dazu, aber hier bei uns heißt es Dehne-h, weil ich ja eine Dehne-Schnecke bin! Wenn bei einem Selbstlaut ein **h** steht, dann weißt du: Dieser Selbstlaut wird **gaaaanz gedehnt ausgesprochen** und **klingt lang.** So wie bei F**ah**-ne *(gedehnt aussprechen),* neh-men oder füh-len. Wir Dehne-Schnecken dehnen den Selbstlaut lang! Wisst ihr, wir haben so ein schweres Haus zu tragen und so machen wir alles nur ganz langsam und gedehnt.“

„Und nun noch etwas Wichtiges: Wir Dehne-Schnecken setzen uns **nur** vor ein **r, m, l oder n!** Könnt ihr euch noch an den Merksatz „Rote Mäuse lachen nie“ erinnern? Ihr kennt ihn vielleicht noch aus Gustavs erster Reise durch das Land der Schreibis. Da habt ihr euch die vier Buchstaben r, m, n und l mit dem Satz „**R**ote **M**äuse **l**achen **n**ie“ *(Anfangsbuchstaben besonders betont aussprechen)* gemerkt. Nun braucht ihr diesen Satz mit den vier Buchstaben r, m, n und l wieder! Merkt euch also: Ihr findet mein Dehne-h **nur nach einem lang** klingenden **Selbstlaut** und **nur vor einem r, m, l** oder **n**.“

„Da wir Dehne-Schnecken aber etwas eigenwillig sind, kommt dort nicht immer ein Dehne-h. Aber das üben wir dann erst beim nächsten Mal.
Seht es euch auf dem Zebra-Trick einmal an und überlegt, welche Wörter ihr kennt, die zu uns, den Dehne-Schnecken, gehören!“

→ **KV 6.4 als Folie auf OHP**

KV 6.3

Einführungsgeschichte Teil 2: Zilli Zebra bei den Dehne-Schnecken (1)

Dehnina erklärt weiter: „Aber aufgepasst! Es gibt noch ein ganz anderes **h**! Das gehört nicht zu uns, den Dehne-Schnecken. Damit ihr uns unterscheiden könnt, erzähle ich euch nun auch noch von diesem **h**. Es ist das „silbentrennende“ oder **„hörbare h“**! Du findest es zwischen zwei Selbstlauten, und das h trennt diese Selbstlaute, wie bei ge-hen. Stellt euch einmal vor, da wäre kein h zwischen den Silben! Dann würden wir sprechen „geen“ (wie langes ee in Meer aussprechen) und wir wüssten gar nicht mehr, welches Wort damit gemeint ist! Oder „Küe“. Oder „Ee“. Das sähe doch komisch aus!“

(„Küe“ und „Ee“ an die Tafel schreiben, danach das h in die Mitte setzen, um zu demonstrieren, wie notwendig das h ist.)

„Damit wir diese beiden Selbstlaute getrennt aussprechen können, brauchen wir das h. Man kann es natürlich nicht immer hören, aber man kann es immer hörbar machen! Sprecht also ganz deutlich in Silben mit und macht das **h h**örbar!“

„Manchmal hört es sich übrigens auch ein bisschen wie ein „j“ an, wenn man nicht ganz deutlich spricht, dann klingt es wie „zie-jen“. Aber das j mitten im Wort gibt es nur ganz selten! Sprecht es dann noch einmal deutlich als „h“ aus und dann könnt ihr es bestimmt heraushören! Wenn ihr also das **h** zwischen den Selbstlauten hört, dann schreibt es zwischen diese beiden Selbstlaute!“

→ **KV 6.4 als Folie auf OHP**

KV 6.4

Zebra-Trick Nr. 5

Mein Trick für dich:
Pass immer gut auf, ob du nach
dem lang klingenden Selbstlaut
ein r, m, l oder n findest!

Zwischen einem lang klingenden Selbstlaut und einem r, m, n oder l schreibst du meistens ein Dehnungs-h!
Du kannst es nicht hören, aber es macht den Selbstlaut lang und gedehnt!

Merke dir die vier Buchstaben r, m, n oder l mit dem Satz:

Rote **M**äuse **l**achen **n**ie!

fah ren   neh men

füh len   Söh ne

Achtung! Das Dehne-h findest du **nur nach** einem **lang klingenden Selbstlaut** und **nur vor einem r, m, n oder l**. Du findest es nicht nach einem kurz klingenden Selbstlaut und nicht vor einem anderen Mitlaut!

Stopp! Ich habe noch einen weiteren Tipp für dich. Es gibt noch ein anderes **h, das hörbare h:** Es ist das **h**, das **zwei Selbstlaute trennt**. Du findest es zwischen zwei Selbstlauten, um das Wort besser lesen und verstehen zu können.

Tipp: Sprich immer gut in Silben und mache das **h** hörbar!

ge **h**en   Kü **h**e   ste **h**en

KV 6.5

Zilli Zebra bei den Dehne-Schnecken (1): Zebra-Auftrag Nr. 25

Untersuche, ob das Wort einen lang oder kurz klingenden Selbstlaut hat! Überprüfe dann, ob du nach dem lang klingenden Selbstlaut ein „rote Mäuse lachen nie“  **findest! Wenn ja, dann füge ein Dehne-h ein! Kreise alle richtigen Symbole ein und mache einen Kreis um das r, m, l oder n! Streiche das h durch, wenn es im Wort nicht vorkommt.**

↘ ➔ h Fa h ne	↘ ➔ h We _ tter	↘ ➔ h Gefü h le	
↘ ➔ h Rei __ se	↘ ➔ h Ne __ bel	↘ ➔ h Po __ kal	↘ ➔ h So __ mmer
↘ ➔ h Lö __ we	↘ ➔ h Sö __ ne	↘ ➔ h Sche __ rze	↘ ➔ h Ro __ bbe
↘ ➔ h Fra __ ge	↘ ➔ h Hü __ ner	↘ ➔ h Gefa __ ren	↘ ➔ h we __ tten
↘ ➔ h Do __ se	↘ ➔ h Sa __ ne	↘ ➔ h Wa __ len	
↘ ➔ h Schli __ tten	↘ ➔ h bo __ ren		
↘ ➔ h wo __ nen	↘ ➔ h re __ nnen		
↘ ➔ h Ke __ rze	↘ ➔ h fa __ lten		

KV 6.6

Zilli Zebra bei den Dehne-Schnecken (1): Zebra-Auftrag Nr. 26

Hier musst du herausfinden, wo du ein hörbares h findest! Denk dran: Du findest es zwischen zwei Selbstlauten! Sprich deutlich in Silben, damit du das h hörbar machen kannst!
Male für jedes hörbare h das Ohren-Symbol um das h.
Für jedes Dehne-h malst du das Dehne-h-Symbol um das h und umkreist das r, m, l oder n!

g e **h** e n	n e **h** m e n	M e **h** l
f a **h** r e n	s t e **h** e n	w e **h** e n
f ü **h** l e n	l ä **h** m e n	z i e **h** en
z ä **h** l e n	f l i e **h** e n	E **h** e
d r e **h** e n	z ä **h** m e n	r ü **h** r e n
f r ö **h** l i c h	W o **h** n u n g	
f l e **h** e n	e **h** r l i c h	
k e **h** r e n	s e **h** e n	

KV 6.7

Zilli Zebra bei den Dehne-Schnecken (1): Zebra-Auftrag Nr. 27

Sprich jedes Wort in Silben und überprüfe, ob du einen kurz oder einen lang klingenden Selbstlaut hörst. Untersuche dann, ob nach dem lang klingenden Selbstlaut ein r, l, m oder n folgt und das Wort somit zu den Dehne-Schnecken gehört! Finde auch alle hörbaren h!

Schreibe jedes Wort in die passende Spalte und trage immer das entsprechende Symbol ein. Umkreise das r, m, l oder n, wenn du eines findest!

Zilli Zebra bei den Dehne-Schnecken (1): Zebra-Auftrag Nr. 28

Tag 1: ________________________________

Untersuche, ob das Wort einen lang oder kurz klingenden Selbstlaut hat! Überprüfe dann, ob du nach dem lang klingenden Selbstlaut ein „rote Mäuse lachen nie" findest! Wenn ja, dann füge ein Dehne-h ein! Kreise alle richtigen Symbole ein und mache einen Kreis um das r, m, l oder n! Streiche das h durch, wenn es im Wort nicht vorkommt.

↘ ➔ h Fa h ne	↘ ➔ h We _ tter	↘ ➔ h Rei _ se	↘ ➔ h Hö _ le
↘ ➔ h Sä _ ge	↘ ➔ h Stü _ le	↘ ➔ h tri _ nken	↘ ➔ h Hi _ mmel
↘ ➔ h Mü _ le	↘ ➔ h sa _ gen	↘ ➔ h Stra _ len	↘ ➔ h bi _ tten
↘ ➔ h Mö _ ren	↘ ➔ h Wo _ nung	↘ ➔ h bre _ nnen	
↘ ➔ h Sche _ rze	↘ ➔ h fa _ llen	↘ ➔ h Pu _ ppe	
↘ ➔ h tra _ gen	↘ ➔ h Kü _ le	↘ ➔ h fa _ ren	
↘ ➔ h Ke _ tte	↘ ➔ h Ro _ se	↘ ➔ h Ba _ nen	

KV 6.9

Zilli Zebra bei den Dehne-Schnecken (1): Zebra-Auftrag Nr. 29

Hier musst du herausfinden, wo du ein hörbares h findest! Denk dran: Du findest es zwischen zwei Selbstlauten! Sprich deutlich in Silben, damit du das h hörbar machen kannst! Male für jedes hörbare h das Ohren-Symbol um das h. Für jedes Dehne-h malst du das Dehne-h-Symbol um das h und umkreist das r, m, l oder n!

F l ö **h** e	H ö **h** l e
B a **h** n f a h r t	n ä **h** e n
g e **h** e n	a b k ü **h** l e n
z ä **h** l e n	B ü **h** n e
z i e **h** e n	S t r a **h** l e n
f l i e **h** e n	K r ä **h** e
s e **h** e n	b e r ü **h** m t
U **h** u	n a **h** e
B e n e **h** m e n	
N ä **h** e r e i	
d r e **h** e n	
g e f ä **h** r l i c h	
S u p p e n b r ü **h** e	

KV 6.10

Zilli Zebra bei den Dehne-Schnecken (1): Zebra-Auftrag Nr. 30, 31 und 32

Tag 2: ____________________

Tag 3: ____________________

Tag 4: ____________________

Sprich jedes Wort in Silben und überprüfe, ob du einen kurz ↘ oder einen lang → klingenden Selbstlaut hörst. Untersuche dann, ob nach dem lang klingenden Selbstlaut ein r, l, m oder n folgt und das Wort somit zu den Dehne-Schnecken gehört! Finde auch alle hörbaren h !

Schreibe jedes Wort in die passende Spalte und trage immer das entsprechende Symbol ein. Umkreise das r, m, l oder n, wenn du eines findest!

→ -h	→ ~~-h~~	-h	↘ ~~-h~~
____________	____________	____________	____________
____________	____________	____________	____________
____________	____________	____________	____________
____________	____________	____________	____________

KV 6.11

Helferblatt für die Zebra-Aufträge 30–32

Diktieren Sie folgende Wörter und achten Sie darauf, dass Ihr Kind die Regeln des Zebra-Tricks anwendet. Dabei soll es bei jedem Wort überprüfen, ob der Selbstlaut lang gesprochen wird und ob danach ein r, m, l oder n folgt (dann wird ein Dehnungs-h eingesetzt). Zwischen zwei Selbstlauten soll das h so gesprochen werden, dass es hörbar gemacht wird (=> „hörbares h").
Bitte achten Sie darauf, dass Ihr Kind immer alle Symbole einsetzt und deutlich in Silben mitspricht.

Zebra-Auftrag Nr. 30

Hahn, wehen, rennen, Wagen, blühen, Dachrinne, Nagel, Nebel, Zahl, dehnen, übersehen, drehen, Kummer, stellen, Regenbogen, führen

Zebra-Auftrag Nr. 31

Blicke, umkehren, Nabel, drohen, Sehne, Lehne, Sohle, Uhr, anflehen, Stimme, wühlen, Ruhm, Sessel, Frühe, Kerze

Zebra-Auftrag Nr. 32

Drohung, Zahn, mahnen, kleben, abkühlen, Gefahr, bleiben, Reibe, Tunnel, Gefühle, Autobahn, tanken, Mandel, Flügel, sich wehren

Station 7:

Zilli Zebra bei den Dehne-Schnecken (2)

Trainingsschwerpunkte
- Regelwissen: Dehnung => Vertiefung Dehnungs-h bei lang klingendem Selbstlaut vor l, m, n , r
- Ausnahmeregelung Dehnungs-h
- Ausnahmeregelung „silbentrennendes h“ zwischen zwei Selbstlauten

Begrüßung / Erfahrungen mit den Zebra-Aufträgen

Hallo! Schön, dass wir uns heute wieder treffen! Gustav und Zilli bleiben nun noch ein wenig bei den Dehne-Schnecken und lernen die eigenwilligen Mitbewohner der Dehne-Schnecken kennen! Habt ihr alle eure Abenteuermappen mit euren erledigten Zebra-Aufträgen dabei?

Besprechen der Zebra-Aufträge

Jedes Kind holt seine Abenteuermappe heraus und zeigt seine bearbeiteten Zebra-Aufträge. Während sich der Lehrer die Arbeitsblätter ansieht, vergleichen die Kinder ihre Ergebnisse mit denen ihres Nachbarn. Pro gelöstes Blatt dürfen die Kinder einen Streifen mit schwarzer Farbe anmalen.
Eventuell kann bereits ein „Zwischensieger“ bei den gesammelten Streifen festgestellt werden.

Entspannungsspiel „Entspannungswolke“

Der Lehrer legt das Symbol „Entspannung“ auf den OHP oder zeigt es den Kindern. Durchführung wie beim Entspannungsspiel „Zaubermurmel“ in Station 2 (siehe S. 31).
→ KV 7.1 als Kopie für den Lehrer

Einführungsgeschichte: Zilli Zebra bei den Dehne-Schnecken (2)

Der Lehrer liest die Einführungsgeschichte vor oder erzählt sie frei nach.
→ KV 7.2 als Kopie für den Lehrer

In dieser Station werden die Ausnahmeregelungen zum Dehnungs-h und zum „silbentrennenden h“ besprochen. Es sollte immer wieder betont werden, dass dies nicht als strenge Regel, sondern als Orientierungshilfe zu verstehen ist. Es kann dabei lediglich ein Anhaltspunkt vermittelt werden, an dem sich die Kinder orientieren können. Es ist jedoch nicht möglich, alle Ausnahmen an dieser Stelle aufzulisten oder einen umfassenden Überblick zu geben. Zudem sollten die Kinder auch nicht mit allzu vielen Ausnahmen verwirrt werden. Es sollten daher über die hier vermittelten Regeln keine oder zumindest nicht allzu viele weitere Ausnahmen besprochen werden. (Beispiele, die über die hier vermittelten Regeln nicht erklärbar sind und „Ausnahmen von der Ausnahme“ darstellen: Honig, Name, König, etc.).
Erfahrungsgemäß reduziert sich die Fehlerzahl zum Dehnungs-h anhand der in diesem Band vermittelten Regeln beträchtlich. Bleiben darüber hinaus noch einige Fehler bestehen, muss dies im Vergleich zum erreichten Fortschritt zu akzeptieren sein. Diese Wörter können dann zu einem späteren Zeitpunkt durch vermehrtes Training des Grundwortschatzes eingeübt werden.
Die „Selbstlautfreunde“ wurden bereits in Band 1 des LRS-Trainings eingeführt. Sollten sie den Kindern nicht (mehr) bekannt sein, wird erklärt, dass es sich dabei um die Selbstlautpaare au, ai, äu, ei, eu und ie handelt.

Zebra-Trick Nr. 6

Die Erklärungen zum Zebra-Trick werden in die Einführungsgeschichte eingeflochten.
→ KV 7.3 als Kopie für jedes Kind sowie als Folie auf OHP

Beim ersten Teil des Zebra-Tricks betont der Lehrer, dass es sich bei diesem Trick um eine Orientierungshilfe handelt, dass es aber zusätzlich noch sehr viele weitere Ausnahmen gibt, die jedoch nicht alle besprochen werden können. Der Lehrer sollte die Kinder dabei ermutigen, dass es zwar nicht einfach ist, sich die Ausnahmeregel zu merken, dass aber jedes richtig geschriebene Wort einen großen Erfolg darstellt. Die Anmerkung, dass diese Regel für alle Kinder schwer zu erlernen ist, wirkt entlastend, ebenso wie die Feststellung, dass kaum ein Erwachsener diese Regel beherrscht. Dies können die Kinder bei ihren Eltern anschaulich überprüfen! So erleben sie ein Erfolgserlebnis, das sie ermutigt, sich weiter mit diesem schwierigen Lerninhalt auseinander zu setzen. Die Kinder sollen den Papagei farbig ausmalen und dabei den Papageien-Schwanz grün färben.

Beim zweiten Teil des Zebra-Tricks weist der Lehrer darauf hin, dass es bei diesem Trick ganz besonders wichtig ist, deutlich in Silben zu sprechen und zwischen den Silben eine kurze Sprechpause zu machen.

Zebra-Auftrag Nr. 33

Der Lehrer bespricht den Zebra-Auftrag mit den Kindern. Die Kinder sollen sich den Zebra-Trick zu Hilfe nehmen, gut nachdenken und deutlich in Silben sprechen. Nun wird die Anwendung des Gelernten verlangt, was Kindern jedoch erfahrungsgemäß noch Schwierigkeiten bereitet. Diese komplizierte Regel braucht meistens viel Übung.
Dieser Auftrag wird zu zweit als Partnerarbeit durchgeführt. Sollte noch genug Zeit zur Verfügung stehen, können noch einige Wörter des Zebra-Auftrags diktiert werden.
→ KV 7.4 als Kopie für jedes Kind

Auflockerungsspiel: Wortketten

Ziel des Spiels ist, eine Wortkette zu bilden. Dabei nennt der Lehrer ein Wort, das ein Dehnungs-h oder hörbares h enthält. Das nächste Kind sucht nun ein neues Wort, das mit dem letzten Buchstaben des vorherigen Wortes beginnt und ebenfalls ein Dehnungs-h oder ein „silbentrennendes, hörbares h" enthält. Dabei dürfen auch Ausnahmewörter genannt werden, es muss aber begründet werden können, weshalb es eine Ausnahme ist.

Pädagogischer Hinweis:
Mit diesem Spiel werden folgende Fähigkeiten trainiert:
- Assoziieren von Wörtern mit Dehnungs-h und „silbentrennendem h"
- Phonologische Bewusstheit (Anlaut und Endlaut finden)
- Genaues Zuhören
- Aufmerksamkeit und Konzentration
- Auf die Reaktionen der Gruppe achten

Zebra-Auftrag Nr. 34

Der Lehrer diktiert den Kindern die nachfolgend aufgeführten Wörter und diese tragen sie in die entsprechende Spalte ein. Wichtig ist, dass sie dabei in Silben sprechen und überprüfen, ob das h hörbar gemacht werden kann, ob ein l, m, n oder r nach dem lang klingenden Selbstlaut steht oder ob gar kein h in dem Wort vorkommt, weil eine der Ausnahmeregeln greift. Die Kinder tragen die entsprechenden Symbole ein!
Dieser Zebra-Auftrag wird als Partnerarbeit durchgeführt, da die Kinder bei jedem Wort begründen sollen, warum sie es mit oder ohne h geschrieben haben, um die aktive Auseinandersetzung mit dem Lerninhalt zu fördern.
→ KV 7.5 als Kopie für jedes Kind

Wörterliste:
drehen, Töne, fahren, sehen, Tore, Saum, Söhne, freuen, ziehen, Krone, Gefühle, Mauer, abnehmen, spülen, dehnen, trauern, Schaum, Kran, Qual, stehlen, grölen

Zebra-Aufträge Nr. 35 bis 38 für die folgende Woche

Der Lehrer verteilt die Zebra-Aufträge und achtet darauf, dass die Kinder sie in ihre Abenteuermappe einordnen. Die Arbeitsaufträge können kurz besprochen werden.
→ KV 7.6, 7.7 (3 x kopieren), 7.8 als Kopie für jedes Kind

Abschlussspiel: Eigenwillige Bewohner

Der Lehrer liest die Wörter der Wörterliste vor und die Kinder zeigen reihum pantomimisch, zu welcher Gruppe das Wort gehört. Wenn es sich um ein hörbares h handelt, stellen sie pantomimisch ein Ohr dar. Bei einem Dehnungs-h stellen sie pantomimisch ein Haus (Symbol Schneckenhaus) dar (Hände zu einem Dach zusammenlegen). Bei den Ausnahmeregeln dürfen sich die Kinder ein pantomimisches Symbol für die „eigenwilligen Bewohner" ausdenken. Wenn es sich um die Ausnahmeregel der Selbstlautfreunde handelt, stellen sie pantomimisch ein Symbol für „Freunde" (z. B sich umarmen) dar. Das Erfinden pantomimischer Symbole verbessert die Erinnerung an die trainierten Regeln.

Wörterliste:
stehen, Benehmen, spülen, freuen, quälen, Fühler, blühen, streuen, Töne, Pole, Mehl, Gefühle, wehen, träumen, flehen, Kühe, fahren, stehen, Tore, Schule, Bühne, Sahne, Nahrung, sehen, Reihe, ziehen, Zähne, fliehen, Kräne

Pädagogischer Hinweis:
Mit diesem Spiel werden folgende Fähigkeiten trainiert:
- Schnelles Erfassen der Regeln und Ausnahmen zu den Wörtern mit Dehnungs-h und „silbentrennenden h"
- Motorische Verankerung der verschiedenen Regeln und Ausnahmen
- Genaues Zuhören
- Aufmerksamkeit und Konzentration

Wörterliste zur vertiefenden Übung

Zur weiterführenden Übung der Ausnahmeregelung des Dehnungs-h in der Einzeltherapie oder im Unterricht können folgende Ausnahmenwörter sowie deren verwandte Wörter herangezogen werden:

Tal, Talent, Tomate, Ton, tönen, Träne, Span, Späne, sparen, spuken, Spüle, Spur, Schal, Schale, schälen, schämen, Schar, scheinen, Schein, Schemel, scheren, Schere, schmal, schmoren, Schonung, Schule, Schüler, Schwäne, Pilot, Plane, Pläne, Plan, Planet, planen, Pokal, Pol, Polen, polieren, Qualität, quälen, Qual, kramen, Krone

KV 7.1

Entspannungsspiel „Himmelsschaukel“[11]

Mach es dir auf deinem Stuhl gemütlich und schiebe ihn ein wenig zurück, damit du genug Platz um dich herum hast. Alles, was dich sonst noch stört, z. B. deine Uhr oder Brille, legst du auf den Tisch. Atme nun tief ein ... und aus ... Schließe deine Augen und stelle dir vor, dass in deinem Kopf ein Kino abläuft ... Mit geschlossenen Augen kannst du alles ganz genau sehen, was immer du dir vorstellst ...
In Gedanken liegst du an deinem wunderschönen Lieblingsstrand ... Du spürst den weichen, warmen Sand unter dir ... atmest tief ein ... und aus ... hörst die Wellen des Meeres leise vor sich hin plätschern ... Du spürst, wie du immer ruhiger wirst ... Atme tief ein ... und aus ... Du spürst die Wärme in deinen Armen, die der Sand unter dir ausströmt ... fühlst dich schwer ... sicher ... warm ... und ganz geborgen. Deine Arme sind ganz schwer ... schwer ... und warm ... Du blickst auf das Meer hinaus und siehst, dass die kleine, schillernd-weiße Möwe wieder auf dich zu fliegt ... Sie kommt näher und du freust dich, als sie dich auffordert, heute wieder auf ihren Rücken zu klettern. Schon bist du aufgestiegen, und plötzlich wird die Möwe viel größer, so dass du leicht auf ihrem Rücken Platz nehmen kannst ... Sie verrät dir, dass sie dich an einen besonderen Platz am Himmel bringen will ... Jetzt schwebt ihr immer höher ... hinauf in den Himmel ... Ganz leicht fühlt es sich an, ... frei ... und glücklich ...
Am Horizont siehst du eine Schaukel auftauchen ... wie sonderbar ... eine Schaukel, die an den Wolken befestigt ist ... Sie schwingt weit und leicht ... in großen Schwüngen ... Du willst dich auf die Schaukel setzen ... Voller Vertrauen lässt du dich von der Möwe dort absetzen ... Deine Murmel gibt dir Ruhe und Kraft ... „Murmel, Murmel, ich zähl bis drei! Schon bin ich richtig stark und frei!“ ... Ja, frei fühlt es sich an, auf der Himmelsschaukel zu schweben, ... hoch über dem Meer ... Du fühlst die Wärme der Sonne und das tiefe Blau des Meeres unter dir ... Du fühlst, wie schwer deine Arme vom Schaukeln geworden sind, ganz schwer ... ruhig ... und warm ...

Du denkst an deinen Satz „Murmel, Murmel, ich zähl bis drei! Schon bin ich richtig stark und frei!“ und merkst, wie auf dieser Himmelsschaukel jeder Kummer oder alle Traurigkeit von dir abfallen ... Du fühlst dich leicht ... und frei ... und geborgen ... Du genießt noch eine Weile das wunderschöne, leichte, schwebende und glückliche Gefühl und schwingst dich noch einmal voller Vertrauen mit einem besonders großen Schwung durch die Luft ... spürst die Freiheit und genießt sie noch eine Weile ... (10 Sek.)

Nun holt dich die Möwe wieder ab für den Rückweg ... Du hältst die Zaubermurmel in der Hand und spürst ihre Kraft ... Auf dem Rücken der Möwe ... hoch über dem Meer schwebst du deinem Lieblingsstrand entgegen ... landest sanft auf dem warmen Sand ... Du verabschiedest dich von deinem neuen Freund, der Möwe, spürst deine Zaubermurmel in deiner Hand und erinnerst dich an den Satz „Murmel, Murmel, ich zähl bis drei! Schon bin ich richtig stark und frei!“ ...

Du erinnerst dich noch einmal an das schwebende, freie und entspannte Gefühl, das du auf dem warmen Felsen hattest ... und kommst nun langsam wieder hierher in den Raum zurück ... Du spürst den Stuhl wieder unter dir, bewegst langsam deine Fingerspitzen ... Balle die Hände zur Faust ... recke und strecke dich ... mach die Augen auf ... gähne ganz laut ... atme tief ein ... und laut aus ... Jetzt bist du wieder frisch und wach hier zurück!

11 Anregungen zu den Entspannungsgeschichten aus Fuhrmann(2004) und Petermann (2001)

KV 7.2

Einführungsgeschichte: Zilli Zebra bei den Dehne-Schnecken (2)

Zilli Zebra und Gustav Giraffe werden an diesem Morgen bereits von Dehnina, der Dehne-Schnecke, erwartet. „Guten Morgen! Ich werde euch heute etwas mehr über unsere eigenwilligen Mitbewohner erzählen. Die wollen sich nicht an unsere Regeln halten und tanzen einfach immer aus der Reihe! Seid ihr bereit?“, erkundigt sich die Dehne-Schnecke Dehnina.
„Na klar!“, rufen Zilli und Gustav erfreut.
„Also, das ist so“, beginnt Dehnina. „Es gibt sieben Mitbewohner, die kein Dehne-h in ihren Wörtern zulassen, obwohl nach dem lang klingenden Selbstlaut ein „rote Mäuse lachen nie“ folgt. Das bedeutet, eigentlich müsste man bei diesen Wörtern zwischen den lang klingenden Selbstlaut und das danach folgende r, m, l oder n ein Dehne-h schreiben. Weil diese Mitbewohner aber so eigenwillig sind, erlauben sie dies nicht!“ –„Oh je!“, stöhnt Zilli. „Und woran kann ich erkennen, welche Bewohner so eigenwillig sind?“ – „Nun ja, das ist eigentlich gar nicht so schwer. Es sind Wörter, die mit einem dieser sieben Buchstaben beginnen: P, T, Qu, Sp, Sch, Gr oder Kr. Ihr könnt euch diese sieben Buchstaben am besten mit „Papagei Til“ merken:
Papagei **T**il kann **s**prechen und sagt „**Qu**ak!“ Er hat einen **gr**ünen **Sch**wanz und **Kr**allen!“
„Ich gebe euch mal ein Beispiel: Bei „Schule“ hört ihr ein lang klingendes „u“ und danach ein „l“. Weil das Wort aber mit einem „Sch“ beginnt, steht dort trotz dem „l“ kein Dehne-h! Oder bei dem Wort „Tore“: lang klingendes „o“ und danach ein „r“. Weil das Wort aber mit einem „T“ beginnt, steht dort trotz dem „r“ kein Dehne-h! Seht es euch auf dem Zebra-Trick einmal an!“

→ **KV 7.3 als Folie auf OHP**

Dann erklärt Dehnina weiter: Aber auch bei den Selbstlautfreunden müsst ihr gut aufpassen, denn auch diese tanzen etwas aus der Reihe. Wisst ihr noch, was Selbstlautfreunde sind?“

(Kinder die Selbstlautpaare benennen lassen.)

„Genau!“, ruft Dehnina. „Die Selbstlautfreunde sind **au, ai, äu, eu, ei und ie** *(Selbslautpaare an die Tafel schreiben)*. Immer, wenn ihr Selbstlautfreunde in einer Silbe findet, dürft ihr danach kein Dehne-h mehr schreiben! Zum Beispiel in dem Wort „Bäume“: Ihr hört ein lang klingendes äu und danach ein „m“. Doch weil das „äu“ ein Selbstlautfreund ist, kommt danach kein Dehne-h mehr!“
Zilli guckt schon ganz verwirrt, doch Dehnina hat noch viel zu erklären: „Bei dem hörbaren h ist es ganz ähnlich: Wenn ihr Selbstlautfreunde findet und danach einen weiteren Selbstlaut hört, schreibt ihr zwischen den Selbstlautfreund und den weiteren Selbstlaut kein hörbares h mehr. Das ist zum Beispiel so bei freu-en oder Treu-e. Doch aufgepasst! Dies gilt nicht für das „ie“ der Schiebe-Schnecken! Denn zum Beispiel in zie-hen und flie-hen schreibst du nach dem „ie“ ein hörbares h. Beim Selbstlautfreund „ei“ schreibst du manchmal ein h und manchmal nicht! Zum Beispiel in Rei-he und Wei-he, aber nicht bei fei-ern oder bei Gei-er.“
„Puh, muss man sich da viel merken“, meint Zilli. Aber Dehnina sagt: „Das schaffst du schon. Doch da fällt mir noch etwas ganz Wichtiges ein: Die Anfangsbuchstaben von Papagei Til gelten nicht für das hörbare h, sondern für das h der Dehne-Schnecke! Seht euch jetzt den Zebra-Trick genau an!“

→ **KV 7.3 als Folie auf OHP**

KV 7.3

Zebra-Trick Nr. 6

Bei uns gibt es viele eigenwillige Wesen, die sich nicht an unsere Regeln halten!

Mein Trick für dich: Wörter, die mit den Buchstaben **P, T, Qu, Sp, Sch, Gr** oder **Kr** beginnen, bekommen kein Dehne-h, obwohl nach dem lang klingenden Selbstlaut ein „rote Mäuse lachen nie“ steht! Merke dir diese sieben Buchstaben mit Papagei Til!

Quak!

„**P**apagei **T**il kann **s**prechen und sagt „**Qu**ak!“
Er hat einen **gr**ünen **Sch**wanz und **Kr**allen!“

Mein Trick für dich: „Auch bei den Selbstlautfreunden musst du gut aufpassen! Nach einem Selbstlautfreund findest du **meistens kein h** mehr!

Pass gut auf, wenn du in der Silbe **Selbstlautfreunde** findest: Danach darfst du **kein Dehne-h** mehr schreiben! Du darfst in den meisten Fällen auch **kein hörbares h** zwischen einem Selbstlautfreund und einem weiteren Selbstlaut schreiben! Achtung: Nach dem lang klingenden i mit dem Schiebe-e **(ie)** findest du manchmal ein **h**! Auch nach dem **ei** folgt **manchmal** noch ein **hörbares h!**

Merke dir:

 **au, äu, ai, eu oder ei** +  **r, m, l oder n** => ~~h~~   stau **n**en   lei **m**en

 **au, äu, ai, (ei) oder eu** + **a, e, i, o oder u** => ~~h~~   freu en   kau en

Achtung! Nach ie darfst du das hörbare h schreiben!

zie hen   wie hern   er flieht   sie sieht

Nach ei findest du es manchmal, manchmal nicht!

fei ern   Gei er   wei hen   ver zei hen

KV 7.4

Zilli Zebra bei den Dehne-Schnecken (2): Zebra-Auftrag Nr. 33

Überlege, ob das Wort ein Dehne-h hat oder ob es zu einem eigenwilligen Bewohner gehört und trotz eines r, m, l oder n kein Dehne-h hat! Füge das Dehne-h an den passenden Stellen ein. Kreise das r, m, l oder n ein und male das Symbol dazu! Mache ein Häkchen unter den Anfangsbuchstaben, wenn er dir ein Dehne-h erlaubt. Kreise bei den Ausnahmewörtern den Buchstaben ein, der das Dehne-h verhindert! 

Gefühle	Schu_le	spu_ken	ne_men
Sö_ne	zä_men	Qua_len	grö_len
Hö_le	bo_ren	Stra_len	Wa_len
Po_le	Trä_nen	Wa_rheit	schä_men
Kro_ne	Le_rer	erwä_nen	

Hier musst du gut auf die Selbstlautfreunde aufpassen! Trage das h an der richtigen Stelle ein und male für jedes hörbare h das Ohren-Symbol um das h. Für jedes Dehne-h malst du das Dehne-h-Symbol um das h und umkreist das r, m, l oder n! Wenn du wegen einem Selbstlautfreund kein h schreibst, dann unterstreiche diesen Selbstlautfreund!

gehen	nehmen	Trau_er	So_le
kau_en	we_en	ste_len	
Za_len	Grau_en	ke_ren	
tau_meln	frö_lich	schnei_en	
fle_en	Scha_le	Stü_le	
spa_ren	Scheu_ne		

KV 7.5

Zilli Zebra bei den Dehne-Schnecken (2): Zebra-Auftrag Nr. 34

Sprich das Wort wie immer deutlich in Silben. Überprüfe, ob du nach einem lang klingenden Selbstlaut ein r, l, m oder n hörst! Pass gut auf die Papagei-Til-Buchstaben auf und schreibe dann kein Dehne-h! Finde auch alle Wörter mit hörbarem h!
Aber Achtung: Denke an die Selbstlautfreunde! Schreibe jedes Wort in die passende Spalte und trage immer das entsprechende Symbol ein. Umkreise das r, m, l oder n, wenn du eines findest, oder unterstreiche die Buchstaben, die das Dehne-h verhindern! Zeig Zilli und Gustav, wie gut du das h nun schon einsetzen kannst!

h	~~**h**~~
 oder	 oder **au, ai, äu, eu, ei**

KV 7.6

Zilli Zebra bei den Dehne-Schnecken (2): Zebra-Auftrag Nr. 35

Tag 1: ______________________________

Überprüfe, ob das Wort ein Dehne-h hat oder ob es zu einem eigenwilligen Bewohner gehört und trotz eines r, m, l oder n kein Dehne-h hat!
Füge das Dehne-h an den passenden Stellen ein. Kreise das r, m, l oder n ein und male das Symbol dazu! Mache ein Häkchen unter den Anfangsbuchstaben, wenn er dir ein Dehne-h erlaubt.
Kreise bei den Ausnahmewörtern den Buchstaben ein, der das Dehne-h verhindert!

g ä h n e n	S c h e __ r e	T ä __ l e r	e r z ä __ l e n
V e r k e __ r	A r m l e __ n e	w e __ r e n	K r o __ n e
q u ä __ l e n	s c h o __ n e n	g r ö __ l e n	z e __ n
f ö __ n e n	a l l m ä __ l i c h	p l a __ n e n	K e __ l e
O __ r e n	S c h w ä __ n e	K o __ l e	H ö __ l e

Hier musst du gut auf die Selbstlautfreunde aufpassen! Trage das h an der richtigen Stelle ein und male für jedes hörbare h das Ohren-Symbol um das h. Für jedes Dehne-h malst du das Dehne-h-Symbol um das h und umkreist das r, m, l oder n! Wenn du wegen einem Selbstlautfreund kein h schreibst, dann unterstreiche diesen Selbstlautfreund!

Z e h e n	w ü h l e n	s t r e u __ e n
r ü __ r e n	t r ä u __ m e n	f r e u __ e n
f ü __ r e n	f l e __ e n	t r a u __ e r n
H ö __ e	a u f b ä u __ m e n	z ä u __ m e n
z ä __ m e n	S c h a u __ m	M e __ l
k a u __ e n	z i e __ e n	r u __ i g

KV 7.7

Zilli Zebra bei den Dehne-Schnecken (2): Zebra-Auftrag Nr. 36, 37 und 38

Tag 2: ____________________ Tag 3: ____________________ Tag 4: ____________________

Sprich das Wort wie immer deutlich in Silben. Überprüfe, ob du nach einem lang klingenden Selbstlaut ein r, l, m oder n hörst! Pass gut auf die Papagei-Til-Buchstaben auf und schreibe dann kein Dehne-h! Finde auch alle Wörter mit hörbarem h! Aber Achtung: Denke an die Selbstlautfreunde! Schreibe jedes Wort in die passende Spalte und trage immer das entsprechende Symbol ein. Umkreise das r, m, l oder n, wenn du eines findest, oder unterstreiche die Buchstaben, die das Dehne-h verhindern! Zeig Zilli und Gustav noch einmal, wie gut du das h nun schon einsetzen kannst!

h	**~~h~~**
oder	 oder **au, ai, äu, eu, ei**

KV 7.8

Helferblatt für die Zebra-Aufträge 36–38

Diktieren Sie folgende Wörter und achten Sie darauf, dass Ihr Kind die Regeln des Zebra-Tricks anwendet. Dabei soll es bei jedem Wort überprüfen, ob der Selbstlaut lang gesprochen wird und ob danach ein r, m, l oder n folgt (dann wird ein Dehnungs-h eingesetzt). Zwischen zwei Selbstlauten soll das h so gesprochen werden, dass es hörbar gemacht wird (=> „hörbares h").
Zudem müssen nun die **Ausnahmeregelungen** berücksichtigt werden. Diese Ausnahmeregelungen sind kompliziert und leider nicht durchgängig anzuwenden. Es gibt wiederum viele Ausnahmen von den Ausnahmen, so dass diese Regelungen Ihnen und Ihrem Kind nur eine Orientierungshilfe bieten können, aber leider nicht alle Wörter erklären können. Die unten stehenden Wörter sind jedoch alle über diese Regelung erschließbar.
Bitte achten Sie darauf, dass Ihr Kind immer alle Symbole einsetzt.

Zebra-Auftrag Nr. 34

Frühling, wühlen, kramen, lahm, freuen, Huhn, Schaum, planen, Pole, Truhe, kaum, ruhig, Uhr, Kahn, Traum, Schule

Zebra-Auftrag Nr. 35

umkehren, Pokal, schreien, ziehen, Bühne, Trauer, Schüler, Hohn, spuken, Rohre, Grauen, Fohlen, Scharen, belohnen, Scheune, wühlen

Zebra-Auftrag Nr. 36

Bauer, sparen, scheuen, drohen, Mahnung, scheinen, nehmen, Zahlen, Töne, Planet, Hühner, schneien, Träne, Fehler, Rehe, Erziehung

Station 8:

Zilli Zebra bei Freddie, dem Frosch (1)

Trainingsschwerpunkte
- Verlängerung von Nomen, Verben und Adjektiven

Begrüßung / Erfahrungen mit den Zebra-Aufträgen

Hallo! Schön, dass wir uns heute wieder treffen! Gustav und Zilli werden heute weiterziehen, da sie nun schon sehr viel über das h wissen. Sie werden zum Verwandlungsfluss wandern und dort ganz neue Wesen kennen lernen. Wollt ihr sie auch begleiten? Habt ihr alle eure Abenteuermappen mit euren erledigten Zebra-Aufträgen dabei?

Besprechen der Zebra-Aufträge

Die Durchführung erfolgt analog zu den vorherigen Stationen.

Entspannungsspiel

Ab dieser Station werden die bisherigen Entspannungsspiele wiederholt, um die inneren Bilder der verschiedenen Geschichten fester zu verankern. Dabei kann die Reihenfolge der Geschichten vom Lehrer variiert werden, oder die Gruppe entscheidet gemeinsam, welche Geschichte sie sich wünscht. Es kann auch das Kind, das bereits die meisten Streifen gesammelt hat, die jeweilige Geschichte aussuchen.
Der Lehrer präsentiert den Kindern das Symbol Entspannung und führt die Entspannungsgeschichten entsprechend den jeweiligen Anleitungen durch.
→ KV 2.4, 3.1, 4.1, 5.1, 6.1 oder 7.1 als Kopie für den Lehrer

Einführungsgeschichte: Zilli Zebra bei Freddie, dem Frosch (1)

Der Lehrer liest die Einführungsgeschichte vor oder erzählt sie frei nach.
→ KV 8.1, Einführungsgeschichte als Kopie für den Lehrer

Mit dieser Station beginnt ein neuer Themenbereich. Die Phase der orthographischen Regeln ist mit den Regeln zur Dehnung abgeschlossen und nun beginnt der Themenbereich der Transferstrategien (Verlängern und Ableiten). Das bisher Gelernte wird nun auch auf Wörter übertragen, die durch das Mitsprechen in Silben und die entsprechenden Regeln nicht erschließbar sind. Denn ab dieser Stufe können sich Kinder die meisten Wörter mithilfe des bisher Gelernten erschließen. Somit kann der verwendete Wortschatz dieses Trainingsprogramms enorm ausgeweitet werden, weshalb nun auch vermehrt Übungen auf der Satz- und Textebene vorgesehen sind.
Innerhalb dieser Stufe wird zudem bereits Wissen über Wortbestandteile (Präfix, Morphem, Suffix) sowie Wortfamilien aufgebaut. Zudem werden im Rahmen der nächsten Stationen alle bereits gelernten, zugrunde liegenden Rechtschreibregeln wiederholt, da für das jeweils verlängerte Wort eine der bisher erlernten Regeln angewendet werden muss (Mitlautverdopplung, ck, tz, s-Laute, ie, Dehnungs-h, „silbentrennendes h", Groß- und Kleinschreibung). Wichtig ist, dass die Kinder sich im Verlauf der nächsten Stationen angewöhnen, die Wörter immer zu verlängern. Die Rechtschreibfähigkeit der Kinder hängt entscheidend von dieser Automatisierung ab. Daher muss besonders darauf geachtet werden, dass die Kinder jedes Wort verlängern.

Zebra-Trick Nr. 7

Der Lehrer bespricht den Zebra-Trick.
→ KV 8.2 als Kopie für jedes Kind sowie als Folie auf OHP

Der entscheidende Trick bei der Strategie des Verlängerns ist, bestimmte Wörter zu verlängern, indem noch ein Vokal an das Wortende angehängt wird. Dadurch kann die Strategie des Mitsprechens in Silben für einen deutlich größeren Wortschatz zugänglich gemacht werden. Dies gilt für viele Nomen in der Einzahl, die in die Mehrzahl umgewandelt werden (ein Witz => viele Witze => tz wird hörbar). Verben in der du, er, sie, es und ihr-Form, die mit „t" enden, werden in den Infinitiv bzw. die „wir"-Form umgewandelt (du schickst => wir schicken => ck wird hörbar). Die Adjektive werden in die Steigerungsform gesetzt (schnell => noch schneller => Mitlautverdopplung wird hörbar). Manchmal müssen auch andere verwandte Wörter gesucht werden. Diese Strategie ist auch für alle Wörter mit Auslautverhärtung (Endungen auf p/b, d/t, g/k) geeignet, da hörbar gemacht wird, mit welchem Laut ein Wort endet (Berg => Berge).

Zebra-Auftrag Nr. 39

Der Lehrer bespricht den Zebra-Auftrag mit den Kindern. Die Kinder sollen die Zauberwörter wiederholen und sich den Zebra-Trick zu Hilfe nehmen. Es ist besonders wichtig, die verlängerten Wörter deutlich in Silben zu sprechen.
Dieser Auftrag wird als Gruppenarbeit durchgeführt. Gemeinsam wird für jedes Wort die bereits gelernte zugrunde liegende Rechtschreibregel wiederholt und besprochen. Zur visuellen Unterstützung nehmen sich die Kinder die Kärtchen mit den Zauberwörtern zu Hilfe, die der Lehrer zuvor für jedes Kind ausgeschnitten hat. Eventuell kann jedes Kärtchen in einer anderen Farbe angemalt werden (z. B. rot für das Nomen-Kärtchen, blau für das Verben-Kärtchen und grün für das Adjektiv-Kärtchen). Außerdem lernen die Kinder, das Frosch-Symbol zu verwenden. Es dient dazu, die verlängerten Buchstaben zu visualisieren. Zur optischen Unterstützung sollten sie dies mit grüner Farbe einzeichnen. Beim Einzeichnen des Froschsymbols ist darauf zu achten, dass die Bögen des Frosches die letzte Silbe ganz einschließen, um die entsprechende Rechtschreibregel leichter erschließbar zu machen (z. B. du ziehst => wir zie-hen => Froschbögen um die letzte Silbe, incl. dem „h“).
→ KV 8.3 Kärtchen ausschneiden für jedes Kind
→ KV 8.4 als Kopie für jedes Kind

Auflockerungsspiel: Viele, wir und noch viel ...?

Der Lehrer nennt ein Wort und das nächste Kind soll sich das richtige Zauberwort-Kärtchen (siehe KV 8.3) an die Stirn halten. Danach nennt es das verlängerte Wort (z. B. er rennt => Zauberwort „wir“ => Verlängerung „wir rennen“). Nun überlegt sich dieses Kind für das nächste Kind ein neues Wort. Dabei muss es darauf achten, dass es ein Wort wählt, das man auch tatsächlich verlängern muss!

Pädagogischer Hinweis:
Mit diesem Spiel werden folgende Fähigkeiten trainiert:

- Einüben der Zauberwörter „Viele, wir und noch viel ...“
- Einüben der Verlängerungsstrategie
- Schnelles Entscheiden über das richtige Zauberwort
- Assoziieren von Wörtern, die verlängert werden müssen => Aktivierung dieses Themenbereiches
- Genaues Zuhören
- Aufmerksamkeit und Konzentration

Zebra-Auftrag Nr. 40

Der Lehrer diktiert den Kindern die unten stehenden Wörter und sie tragen sie in die entsprechende Spalte ein. Wichtig ist, dass sie dabei jedes Wort mit dem entsprechenden Zauberwort verlängern und die verlängerte Form gemeinsam mit dem Frosch-Symbol in grüner Farbe einzeichnen.
→ KV 8.5 als Kopie für jedes Kind

Wörterliste:
Wald, schnell, rund, kalt, Pilz, Nuss, du rennst, saftig, Zwerg, er kennt jemanden, Berg, dünn, es blinkt, sie kommt, Grill, schlimm, er trinkt, Rad, alt, sie stinkt, Kleid, Knall, gelb, er schwimmt, ihr lebt, hell, du gehst, du schaffst es.

Zebra-Aufträge Nr. 41 bis 44 für die folgende Woche

Der Lehrer verteilt die Zebra-Aufträge und achtet darauf, dass die Kinder sie in ihre Abenteuermappe einordnen. Die Arbeitsaufträge können kurz besprochen werden.
→ KV 8.6 (2 x kopieren), 8.7, 8.8, 8.9 als Kopie für jedes Kind

Abschlussspiel: Froschhüpfen

Der Lehrer liest die Wörter vor. Bei jedem Wort, das verlängert werden muss, hüpfen die Kinder mit einem Froschsprung nach vorne. Dabei rufen sie mit „Froschstimmen“ das entsprechende Zauberwort. Das Kind, das am weitesten gehüpft ist, hat gewonnen. Es soll allerdings überlegt werden, bei welchen Wörtern es überhaupt notwendig ist, zu verlängern. Wer bei einem Wort nach vorne gehüpft ist, das nicht verlängert werden muss, weil in dem Wort schon alle Laute hörbar sind, muss wieder zwei Froschhüpfer nach hinten springen.

Wörterliste:
Wald, stehen, **Kleid,** benehmen, **spitz,** spülen, Sessel, freuen, er **quält,** Bienenfühler, Füller, **Kühlschrank, Hand, Ball,** streuen, Töne, Pole, retten, Suppenlöffel, **flink,** Gefühle, **Geschenk,** drehen, es **weht, Welt,** träumen, flehen, Kühe, **nass, Kreis,** fahren, stehen, **Schloss,** Tore, Schule, Bühne, **bunt,** Sahne, Nahrung, sehen, Reihe, sie **klemmt,** ziehen, Zähne, sie **summt, flüssig,** reden, **Betrug,** fröhlicher, **Held, Burg.**

Pädagogischer Hinweis:
Mit diesem Spiel werden folgende Fähigkeiten trainiert:

- Motorische Verankerung des Verlängerns
- Motorische Koordination und Bewegung
- Genaues Zuhören
- Aufmerksamkeit und Konzentration

KV 8.1

Einführungsgeschichte: Zilli Zebra bei Freddie, dem Frosch (1)

Zilli Zebra und Gustav Giraffe werden an diesem Morgen von Dehnina, der Dehne-Schnecke, verabschiedet. „Ihr habt nun viel im Reich der Schnecken gelernt. Vergesst unsere Tricks nicht und übt unsere Wörter fleißig! Aber jetzt wandert weiter zum Verwandlungsfluss! Das ist ein Wörterverwandlungsfluss und dort leben lustige Wesen! Viel Spaß und bis bald!"

Bald schon sehen Zilli und Gustav den Fluss vor sich. Aber wie ungewöhnlich er aussieht! In ihm schwimmen lauter Buchstaben und Wortendungen! Als Zilli und Gustav überlegen, was dies wohl bedeuten könnte, hüpft ihnen plötzlich ein grasgrüner, lustig aussehender Frosch vor die Füße. „Schönen guten Morgen! Mein Name ist Freddie, der Frosch! Ich bin ziemlich ungeduldig und springe immer schon ein Stück weiter", quakt er ihnen mit seiner Froschstimme entgegen. „Ihr müsst Zilli und Gustav sein! Habe schon auf euch gewartet. Herzlich Willkommen am Fluss der Wortverwandlungen! Hier lernt ihr, ein bisschen mit den Wörtern zu spielen, und sie mal ein bisschen länger, mal ein bisschen kürzer, und mal ein bisschen anders zu verwandeln. Das braucht man nämlich, damit das Schreiben noch besser gelingt!"

Dann grinst Freddie ganz breit: „Wer hier bei uns ankommt, das müsst ihr wissen, ist auf der Profistufe gelandet!" Zilli und Gustav sehen sich überrascht an. Profistufe? Das hört sich toll an! Aber warum ist an diesem lustigen Fluss hier die Profistufe? Freddie erklärt es: „Ihr könnt nun alle wichtigen Regeln, die man zum Richtigschreiben braucht. Aber manchmal haben sich diese Regeln in den Wörtern versteckt, und dann muss man die Wörter ein wenig verwandeln, um die richtige Regel zu finden. Damit ihr in Zukunft auch alle Wörter richtig schreiben könnt, in denen sich die Regeln versteckt haben, zeige ich euch das Verwandeln der Wörter!"

Ganz eifrig quakt Freddie: „Dazu brauchen wir jetzt Zauberwörter. Diese Zauberwörter heißen „viele", „wir" und „noch viel". Bei Nomen (Namenwörtern) braucht ihr das Zauberwort „viele". Ihr zaubert zum Beispiel aus „ein Ball" „viele Bäl-le"! Dann könnt ihr hören, dass sich in dem Wort Ball ein doppeltes „l" versteckt hat! Doch nur durch das Verzaubern und Sprechen in Silben könnt ihr das heraushören! Bei Verben (Tunwörtern) nehmt ihr das Zauberwort „wir". Macht aus „du packst" „wir pac-ken". Dann hörst du, dass sich in diesem Wort ein „ck" versteckt hat. Bei Adjektiven (Wiewörtern) nimmst du das Zauberwort „noch viel". Dann verzauberst du das Wort „dünn" z. B. in „noch viel dün-ner", und du hörst, dass sich hier ein doppeltes „n" versteck hat! Benutze also immer das richtige Zauberwort und hänge noch meine Froschbuchstaben hinten dran – dann hörst du, wie man das Wort richtig schreibt!"
Zilli und Gustav staunen. Das ist ja ein toller Trick, mit dem man sehr, sehr viele Wörter plötzlich richtig schreiben kann! Freddie erklärt weiter: „Manchmal ist es nicht ganz einfach, die richtigen Froschbuchstaben zu finden, die dir helfen, die versteckte Regel zu entdecken. Ab und zu muss man nämlich auch ein verwandtes Wort suchen, weil das Zauberwort nicht passt. Z. B. bei „Staub": Da passt es besser, wenn man das verwandte Wort „staubig" nimmt. Dann hörst du, dass man „Staub" am Ende mit einem „b" und nicht mit einem „p" schreibt. Verwende bei allen Wörtern, die mit **d, b, g, t, p** oder **k** enden, die Zauberwörter! Dann hörst du immer, wie der letzte Laut geschrieben wird! Verzaubert die Wörter also immer so, dass ihr heraushören könnt, welche Regel sich darin versteckt hat! Seht es euch auf dem Zebra-Trick genau an.

KV 8.2

Zebra-Trick Nr. 7

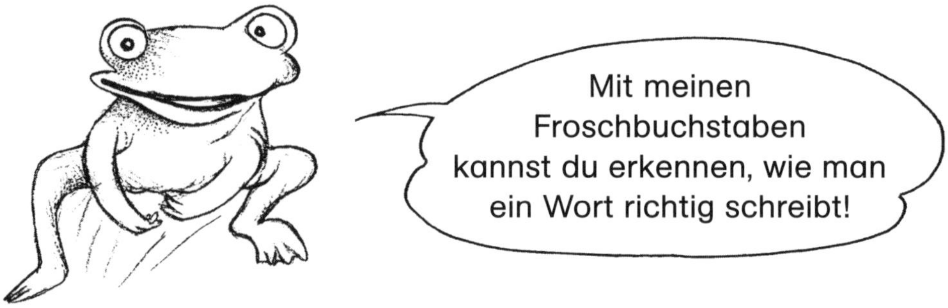

Mein Trick für dich: Verlängere ein Wort mit meinen Froschbuchstaben, wenn du nicht heraushören kannst, wie man es schreibt, oder suche ein verwandtes Wort!

Benutze dabei meine Zauberwörter! Welches Zauberwort du verwendest, hängt von der Wortart des Wortes ab!

Bilde bei Nomen (Namenwörter) die Mehrzahl!
Wähle deshalb das Zauberwort **viele** ...!

Bilde bei Verben (Tunwörter) die Grundform oder die wir-Form!
Verwende deshalb das Zauberwort **wir** ...!

Bilde bei Adjektiven (Wiewörtern) die Steigerungsform.
Wähle deshalb die Zauberwörter noch **viel** ...!

Wenn das Zauberwort nicht passt, suche ein **verwandtes Wort** (Nomen, Verb oder Adjektiv)!

Bei **Verben** (Tunwörtern) musst du **immer** das Zauberwort verwenden, wenn das Wort mit einem **t** endet!

du schwimmst → wir schwimmen

ihr packt → wir packen

Wörter, die nur **eine Silbe** haben, musst du **immer** mit meinen Froschbuchstaben verlängern!

schnell**er** dünn**er** Schiff**e** spitz**er** Strick**e**

Verlängere auch alle Wörter mit meinen Froschbuchstaben, die mit **d, b, g** oder **t, p, k** enden! Erst, wenn du noch meine Buchstaben daran hängst, kannst du hören, welchen Buchstaben du schreiben musst!

Zwer**ge** Wel**ten** Freun**de** Urlau**be** Wer**ke** knap**per**

Wortkarten „Zauberwörter zum Verlängern“

viele ______________
(Nomen)

wir ______________
(Verben)

noch viel __________
(Adjektive)

viele ______________
(Nomen)

wir ______________
(Verben)

noch viel __________
(Adjektive)

viele ______________
(Nomen)

wir ______________
(Verben)

noch viel __________
(Adjektive)

viele ______________
(Nomen)

wir ______________
(Verben)

noch viel __________
(Adjektive)

viele ______________
(Nomen)

wir ______________
(Verben)

noch viel __________
(Adjektive)

KV 8.4

Zilli Zebra bei Freddie, dem Frosch (1): Zebra-Auftrag Nr. 39

Suche das richtige Zauberwort und mache das Wort dann mit meinen Froschbuchstaben länger! Zeichne mein Froschsymbol ein! Pass gut auf, dass ich mit meinem Froschmaul die letzte Silbe umschließe!

viele Betten	noch viel schneller	wir ~~du~~ rennten
wir ~~sie~~ backten	________ Mitglied___	________ rund___
________ Mund___	________ Frucht___	________ Kind___
________ nass___	________ fett___	________ Knall___
________ Platz___	________ du kannst___	________ Schreck___
________ Kinn___	________ Pilz___	________ sie fliegt ___
________ Riss___	________ sie zieht___	________ Rind___
________ Pelz ___	________ sie strickt___	________ Sieb___
________ Prinz___	________ Unfall ___	________ es rollt___
________ Rock___	________ Zufall___	________ fromm___
________ glatt___	________ kalt___	
________ du stellst ___	________ Müll___	
________ Narr___	________ hell___	
________ sie siegt ___	________ Schiff___	
________ sie wiegt___	________ Rand___	
________ ihr könnt ___	________ sie schickt___	

KV 8.5

Zilli Zebra bei Freddie, dem Frosch (1): Zebra-Auftrag Nr. 40

Suche das passende Zauberwort. Verlängere das Wort so, dass du weißt, wie du das Wort richtig schreibst! Trage das Wort in die richtige Spalte ein und zeichne das Froschsymbol mit den Froschbuchstaben in grüner Farbe ein!

viele Betten (Nomen)	**wir** gehen (Verben)	**noch viel** schneller (Adjektive)
viele ____________ (Nomen)	**wir** ____________ (Verben)	**noch viel** ____________ (Adjektive)
viele ____________ (Nomen)	**wir** ____________ (Verben)	**noch viel** ____________ (Adjektive)
viele ____________ (Nomen)	**wir** ____________ (Verben)	**noch viel** ____________ (Adjektive)
viele ____________ (Nomen)	**wir** ____________ (Verben)	**noch viel** ____________ (Adjektive)
viele ____________ (Nomen)	**wir** ____________ (Verben)	**noch viel** ____________ (Adjektive)
viele ____________ (Nomen)	**wir** ____________ (Verben)	**noch viel** ____________ (Adjektive)
viele ____________ (Nomen)	**wir** ____________ (Verben)	**noch viel** ____________ (Adjektive)
viele ____________ (Nomen)	**wir** ____________ (Verben)	**noch viel** ____________ (Adjektive)
viele ____________ (Nomen)	**wir** ____________ (Verben)	**noch viel** ____________ (Adjektive)

KV 8.6

Zilli Zebra bei Freddie, dem Frosch (1): Zebra-Auftrag Nr. 41

Tag 1: ____________________

Suche das richtige Zauberwort. Verlängere das Wort dann mit meinen Froschbuchstaben! Zeichne mein Froschsymbol ein! Pass gut auf, dass ich mit meinem Froschmaul die letzte Silbe umschließe!

viele Betten

________ nett___

________ spitz___

________ dick___

________ Ross___

________ du streikst ___

________ sie singt ___

________ Streit___

________ tief___

________ er schmollt___

________ Reh__

________ Land___

________ du stehst ___

________ er will___

________ sie Brief___

noch viel toller

________ Bett___

________ Rehkitz ___

________ Lied___

________ Gaul___

________ Streik___

________ Schlag___

________ Anfang ___

________ Klang___

________ Fahrt___

________ er geht___

________ Schmutz___

________ Gewinn___

________ sie füllt___

________ Fluss___

wir ~~du~~ kenn~~st~~en

________ spät___

________ sie schläft___

________ lieb___

________ Sitz___

________ Sinn___

________ sie reißt___

________ sie schmeißt___

________ Abfall ___

KV 8.7

Zilli Zebra bei Freddie, dem Frosch (1): Zebra-Auftrag Nr. 42 und 43

Tag 2: ______________________ Tag 3: ______________________

Suche das passende Zauberwort. Verlängere das Wort so, dass du weißt, wie du das Wort richtig schreibst! Trage das Wort in die richtige Spalte ein und zeichne das Froschsymbol mit den Froschbuchstaben in grüner Farbe ein!

viele Betten (Nomen)	**wir** gehen (Verben)	**noch viel** schneller (Adjektive)
viele ________________ (Nomen)	**wir** ________________ (Verben)	**noch viel** ______________ (Adjektive)
viele ________________ (Nomen)	**wir** ________________ (Verben)	**noch viel** ______________ (Adjektive)
viele ________________ (Nomen)	**wir** ________________ (Verben)	**noch viel** ______________ (Adjektive)
viele ________________ (Nomen)	**wir** ________________ (Verben)	**noch viel** ______________ (Adjektive)
viele ________________ (Nomen)	**wir** ________________ (Verben)	**noch viel** ______________ (Adjektive)

KV 8.8

Zilli Zebra bei Freddie, dem Frosch (1): Zebra-Auftrag Nr. 44

Tag 4: ______________________

Versuche ganze Sätze zu schreiben! Höre dir den Satz genau an. Überlege zuerst, welche Wörter du verlängern musst! Suche das passende Zauberwort. Verlängere das Wort so, dass du weißt, wie du das Wort richtig schreibst! Schreibe den Satz dann auf und zeichne bei jedem verlängerten Wort das Froschsymbol und die Froschbuchstaben ein!

KV 8.9

Helferblatt für die Zebra-Aufträge 42–44

Diktieren Sie folgende Wörter und achten Sie darauf, dass Ihr Kind für jedes Wort das passende „Zauberwort" findet und das Wort verlängert. Beim Einzeichnen des Froschsymbols ist darauf Wert zu legen, dass die Bögen des Frosches die letzte Silbe einschließen, um die entsprechende Rechtschreibregel leichter erschließbar zu machen (z. B. du ziehst => wir zie-hen => Froschbögen um die letzte Silbe „-hen").

Zebra-Auftrag Nr. 42

knapp, sie ist erhitzt, Zweck, er summt, Trotz, witzig, Held, nah, schwarz, du fliehst, Bart, groß, Kuh, ihr lobt, sie siegt, sie muht

Zebra-Auftrag Nr. 43

schmal, Schuh, nah, dünn, Mut, Ring, du entdeckst, er fehlt, Berg, ihr strickt, sie zieht, keck, Schloss, nass, du bückst dich, sie fliegt

Zebra-Auftrag Nr. 44

Diktieren Sie die Sätze. Die fett markierten Wörter müssen verlängert werden. Auch hier muss das Froschsymbol eingezeichnet werden. Achten Sie darauf, dass das Kind beim Schreiben deutlich in Silben spricht.

Ihr **kriecht** durch die Höhle.
Er **mäht** die Wiese. (Das ä in mähen als Hilfestellung angeben!)
Das Buch ist **dick.**
Du **rennst schnell.**
Das **Pferd flieht** über das **Feld.**
Der **Kobold brüllt schrill.**
Der **Hund rollt** sich in seinem **Korb** ein und **schläft.** (Das ä als Hilfestellung geben!)
Der **Mann gewinnt** und **singt!**
Das **Kind liegt** in der Wiege.
Der **Spatz fliegt** auf einen großen **Zweig.**

Station 9:

Zilli Zebra bei Freddie, dem Frosch (2)

Trainingsschwerpunkte
- Vertiefung: Verlängerung von Nomen, Verben und Adjektiven
- Verlängerung zusammengesetzter Wörter
- Wissen über zusammengesetzte Wörter
- Anwendung des Gelernten auf der Satz- und Textebene

Begrüßung / Erfahrungen mit den Zebra-Aufträgen

Hallo! Schön, dass ihr wieder hier seid! Gustav und Zilli bleiben noch ein bisschen bei Freddie dem Frosch, um die Zauberwörter und das Verwandeln von Wörtern zu üben. Habt ihr alle eure Abenteuermappen mit euren erledigten Zebra-Aufträgen dabei?

Besprechen der Zebra-Aufträge

Die Durchführung erfolgt analog zu den vorherigen Stationen.

Entspannungsspiel

Eines der bisherigen Entspannungsspiele wird gemäß den Hinweisen aus Station 8 (siehe S. 105) wiederholt.
→ KV 2.4, 3.1, 4.1, 5.1, 6.1 oder 7.1 als Kopie für den Lehrer

Einführungsgeschichte: Zilli Zebra bei Freddie, dem Frosch (2)

Der Lehrer liest die Einführungsgeschichte vor oder erzählt sie frei nach.
→ KV 9.1 als Kopie für den Lehrer

In dieser Station werden zusammengesetzte Wörter und das Verlängern dieser Wörter eingeübt und auch auf der Satz- und Textebene trainiert. Ziel ist das Automatisieren des Verlängerns von Wörtern.

Zebra-Trick Nr. 8

→ KV 9.2 als Kopie für jedes Kind sowie als Folie auf OHP

Zebra-Auftrag Nr. 45

Nun wird das Schreiben zusammengesetzter Wörter geübt. Der Lehrer liest jedes Wort vor und die Kinder verlängern jedes Wortteil einzeln und schreiben es auf (mit Froschsymbol). Bei jedem Wort wird überlegt, ob bzw. welche Regel sich in diesem Wort versteckt hat. Dabei wird diese Regel kurz wiederholt. Danach setzen die Kinder die Wörter zusammen. Diese Übung wird in der Gruppe durchgeführt, da an dieser Stelle gemeinsam noch einmal alle Regeln wiederholt werden, die bisher besprochen worden sind. Je nachdem, wie viel Zeit das Wiederholen der Regeln in Anspruch nimmt, können evtl. nicht alle Wörter geschrieben werden. Das Wiederholen der Regeln hat hier jedoch Vorrang.
→ KV 9.3 als Kopie für jedes Kind

Wörterliste:

Klemmbrett	(wir klemmen, viele Bretter => Mitlautverdopplung)
Reißverschluss	(wir reißen, viele Verschlüsse => s-Laute)
Kuhweide	(viele Kühe => „silbentrennendes h")
Sitzkissen	(wir sitzen => tz)
Tierheim	(viele Tiere => ie)
Tanzlehrer	(wir tanzen => z / tz)
Stückzahl	(viele Stücke => ck)
Fliehkraft	(wir fliehen => ie, „silbentrennendes h", viele Kräfte => Plosivlaut t)
Schuhlöffel	(viele Schuhe => „silbentrennendes h")
Briefbeschwerer	(viele Briefe => ie)
Schwimmflügel	(wir schwimmen => Mitlautverdopplung)
Klapptisch	(wir klappen => Mitlautverdopplung)
Fußballfeld	(viele Füße => s-Laute, viele Bälle => Mitlautverdopplung, viele Felder => Auslautverhärtung „d")
Gehstock	(wir gehen => „silbentrennendes h", viele Stöcke => ck).

Auflockerungsspiel: Pantomime

Der Lehrer flüstert einem Kind ein Wort aus der Wörterliste ins Ohr, das es sodann pantomimisch oder per Zeichnung darstellen soll. Die anderen Kinder sollen es erraten. Dabei wird verdeutlicht, dass zusammengesetzte Nomen häufig ein Verb beinhalten.

Wörterliste:
Schwimmbad, Rennfahrer, Kiesstrand, Wettbüro, Klettverschluss, Waschlappen, Klemmbrett, Turnschuh, himmelblau, Rennwagen, Streitschlichter, Trennwand

Pädagogischer Hinweis:
Mit diesem Spiel werden folgende Fähigkeiten trainiert:
- Einüben der Verlängerungsstrategie, angewendet auf zusammengesetzte Nomen
- Schnelles Entscheiden über das richtige Zauberwort
- Motorische Koordination
- Genaues Beobachten
- Aufmerksamkeit und Konzentration

Zebra-Auftrag Nr. 46

Der Lehrer liest den Kindern jeweils einen der unten stehenden Sätze vor. Nun überlegen die Kinder gemeinsam, welches Wort man wie verlängern muss und welche Regel sich in dem Wort versteckt hat, und wiederholen die zugrunde liegende Regel. Bei den zusammengesetzten Wörtern ist besonders darauf zu achten, dass jeder Wortteil verlängert wird. Dann schreiben die Kinder den Satz Wort für Wort und zeichnen in grüner Farbe wie immer das Froschsymbol und die angehängten Froschbuchstaben ein.
→ KV 9.4 als Kopie für jedes Kind

Zu schreibende Sätze (fett markierte Wörter verlängern):
Ein **Mann kommt** auf einen **Dorfplatz** und **spricht laut:**
„**Vergesst** nicht: heute **Nacht erlebt** ihr hier ein **Fest!**
Freut euch, **tanzt** und **lacht** und **singt!**
Der **Mond sieht** euch **bestimmt** zu!
Macht mit beim **Wettbewerb** der **Rennfahrer!** Jedes **Rennrad** ist **willkommen!**
Ich bin schon **gespannt,** wer dann **gewinnt!**“

Zebra-Aufträge Nr. 47 bis 50 für die folgende Woche

Der Lehrer verteilt die Zebra-Aufträge und achtet darauf, dass die Kinder sie in ihre Abenteuermappe einordnen. Die Arbeitsaufträge können kurz besprochen werden.
→ KV 9.5, 9.6 (3 x kopieren), 9.7 als Kopie für jedes Kind

Abschlussspiel: Froschhüpfen mit zusammengesetzten Wörtern

Die Durchführung erfolgt wie in Station 8 (siehe S. 106). Bei den zusammengesetzten Wörtern, die nun verlängert werden müssen, rufen die Kinder das Zauberwort und alle notwendigen Verlängerungen in „Froschstimme“. Das Kind, das am weitesten gehüpft ist, hat gewonnen. Es soll allerdings überlegt werden, bei welchen Wörtern es überhaupt notwendig ist, zu verlängern. Wer bei einem Wort nach vorne gehüpft ist, das nicht verlängert werden muss, weil in dem Wort schon alle Laute hörbar sind, muss wieder zwei Froschhüpfer nach hinten springen.

Wörterliste:
Stricknadel, stehen, blau, **Ballkleid,** vernehmen, **kreisrund, Spitzbart, Spülmaschine,** Kessel, tanzen, **Quälgeist,** Treue, grüßen, wir kommen, **Tankstelle, Kühlschrank,** Ostereier, Uhren, Bäume, **Handball,** dehnen, **Nordpol,** Kellertreppen, **Fetttopf,** Suppenschüssel, Decke, Mütze, Reise, wir leben, **Geschenkpapier, Weltraum, Traumfänger,** Kühe, fliehen, fliegen, **Flugzeug, Kuhstall,** gehen, Stöcke, **Gehstock**

Pädagogischer Hinweis:
Mit diesem Spiel werden folgende Fähigkeiten trainiert:
- Motorische Verankerung des Verlängerns
- Motorische Koordination und Bewegung
- Genaues Zuhören
- Aufmerksamkeit und Konzentration

KV 9.1

Einführungsgeschichte: Zilli Zebra bei Freddie, dem Frosch (2)

Zilli Zebra und Gustav Giraffe bleiben noch ein wenig bei Freddie, dem Frosch. Er hüpft auch heute wieder lustig durch die Gegend und erklärt den beiden: „Ihr habt schon viel gelernt über meine Zauberwörter und meine Froschbuchstaben. Ich freue mich, dass ihr so viele Froschsymbole eingezeichnet habt! Nun möchte ich euch noch etwas über die zusammengesetzten Wörter erzählen, denn auch bei diesen verstecken sich sehr oft Regeln, die man nur sehen kann, wenn man die Wörter verwandelt und länger macht. Wisst ihr eigentlich, was „zusammengesetzte Wörter“ sind?“
Zilli ruft: „Oh ja, das sind Wörter, die aus mehreren Wörtern bestehen, so wie „Zebrastreifen“. Dieses Wort ist aus „Zebra“ und „Streifen“ zusammengesetzt: Es sind die Streifen des Zebras!“
„Genau, Zilli! Oder der Breitmaulfrosch: Es ist ein Frosch, der ein breites Maul hat. Das letzte Wort (es heißt „Grundwort“) sagt uns immer, worum es eigentlich geht. Das erste Wort (oder auch mehrere Wörter) sagen uns, worum es dabei ganz genau geht und wie oder was das **Grundwort** ist. Ein Breitmaulfrosch ist eben nicht einfach nur ein Frosch. Es ist, ganz genau gesagt, ein Frosch mit einem breiten Maul! Eigentlich ist es aber ganz einfach, diese Wörter zu schreiben. Schreibt einfach von Silbe zu Silbe oder von Wort zu Wort!“

Und Freddie kann noch mehr erklären: „Oft haben sich in diesen zusammengesetzten Wörtern auch Regeln versteckt, die ihr nur dann finden könnt, wenn ihr das Wort wieder mit den Zauberwörtern und meinen Froschbuchstaben verwandelt. Teilt das Wort also in seine einzelnen Teile auf. Verwandelt dann jedes Wort, indem ihr es länger macht.“
„Aha“, überlegt Gustav. „Bei dem Wort „Gepäckstück“ muss ich zum Beispiel das Wort in Gepäck und Stück teilen. Dann verwandle ich jedes Wort: bei Gepäck suche ich das verwandte Wort pac-ken und höre zwei „k“. Dann weiß ich: Gepäck schreibe ich mit ck, auch, wenn ich es bei Gepäck nicht hören kann, sondern nur bei „pac-ken“. Und „Stück“ verwandle ich in „viele Stüc-ke“ und höre auch hier zwei „k“. Also schreibe ich auch Stück mit ck. Das ist ein guter Trick, Freddie, vielen Dank!“
„Es gibt sehr viele zusammengesetzte Wörter. Ihr müsst also immer gut aufpassen und jedes Wort verlängern. Denn dann könnt ihr alle Regeln, die ihr bisher geübt habt, anwenden! Ihr könnt sogar ganz oft ein hörbares h heraushören, indem ihr es hörbar macht! Zum Beispiel in „Rehkitz“: viele Re-he, viele Kit-ze! Schon könnt ihr das h hören! Überlegt also immer, welche Regel sich in einem Wort versteckt hat! Denkt dran, ihr seid nun schon auf der Profistufe. Macht euch also wie ein Detektiv auf die Suche nach schwierigen, versteckten Regeln! Nun übt das einmal, damit Zilli noch einen Streifen mehr bekommt! Du hast schon sehr, sehr viele, und siehst richtig toll aus! Aber bestimmt wünschst du dir alle deine Streifen zurück, nicht wahr?“ – „Oh ja, es wäre schön, wenn ich alle Streifen zurückbekomme. Und ich möchte DIR, meinem lieben Helfer, nun auch einmal danken für all die Streifen, die du mir bisher schon geschenkt hast! Siehst du, wie schön ich aussehe mit all den neuen Streifen? Vielen Dank!“

KV 9.2

Zebra-Trick Nr. 8

Verlängere zusammengesetzte Wörter mit meinen Froschbuchstaben! Dann kannst du erkennen, wie man das Wort richtig schreibt!

Zusammengesetzte Wörter sind Wörter, die aus verschiedenen Wörtern **zusammengesetzt** werden. Dabei wird das erste Wort meistens ein wenig verändert.
Das letzte Wort ist das **Grundwort** und zeigt dir die **Wortart** an. Ist das Grundwort ein Nomen, schreibst du das ganze Wort groß. Ist das Grundwort ein Adjektiv oder Verb, schreibst du das ganze Wort klein. Das Wort davor erklärt dir das Grundwort genauer und sagt dir, wie oder was es ist. Manchmal werden zusammengesetzte Wörter mit einem **s** verbunden.

so ist das Grundwort, beschreibt es genauer		**Grundwort**
Schuh-		**-schrank**
Geschirr-		**-schrank**
himmel-		**-blau**
Urlaub	**s**	**-reise**

Mein Trick für dich: Pass bei zusammengesetzten Wörtern gut auf! Oft wird das **erste Wort verändert!** Du findest die versteckte Regel, wenn du die einzelnen Wörter aufteilst und jedes Wort mit den Zauberwörtern und Froschbuchstaben verwandelst! Manchmal musst du auch ein verwandtes Wort suchen! Finde die versteckten Regeln und setzte das Wort dann wieder zusammen!

Schwimm-	**-bad**
wir schwimmen-	**viele Bäder**

Es gibt auch zusammengesetzte Wörter, in denen drei oder mehr Wörter versteckt sind! Verlängere immer jedes einzelne Wort!

Renn-	-fahrer-	**-anzug**
wir rennen	viele Fahrer	**viele Anzüge**

KV 9.3

Zilli Zebra bei Freddie, dem Frosch (2): Zebra-Auftrag Nr. 45

Suche das richtige Zauberwort. Verlängere die Wortteile dann mit meinen Froschbuchstaben! Denke daran: Verlängere immer auch den ersten Wortteil! Überlege, welche Rechtschreibregel sich in dem Wort versteckt hat. Kreise die Buchstaben ein, bei denen du wegen dieser Regel gut aufpassen musst! Schreibe erst jedes verlängerte Wort auf und dann das zusammengesetzte Wort darunter!

viele Betten	wir backen	wir frieren	viele Nächte
viele Schemel	viele Stuben	viele Schränke	noch viel blauer
Bettschemel	Backstube	Gefrierschrank	nachtblau

KV 9.4

Zilli Zebra bei Freddie, dem Frosch (2): Zebra-Auftrag Nr. 46

Höre dir den Satz genau an. Finde heraus, welche Wörter du verwandeln musst! Suche das richtige Zauberwort. Verlängere das Wort dann mit meinen Froschbuchstaben! Schreibe den Satz auf und zeichne mein Froschsymbol ein! Pass gut auf, dass ich mit meinem Froschmaul die letzte Silbe umschließe!

KV 9.5

Zilli Zebra bei Freddie, dem Frosch (2): Zebra-Auftrag Nr. 47

Tag 1: ______________________________

Suche das richtige Zauberwort. Verlängere die Wortteile dann mit meinen Froschbuchstaben! Denk dran: Verlängere immer auch den ersten Wortteil! Überlege, welche Rechtschreibregel sich in dem Wort versteckt hat. Kreise die Buchstaben ein, bei denen du wegen dieser Regel gut aufpassen musst! Schreibe erst jedes verlängerte Wort auf und dann das zusammengesetzte Wort darunter!

Wir gehen	viele Schuhe	viele Korallen	viele Gräser
viele Stöcke	viele Sohlen	viele Riffe	noch viel grüner
Gehstock	Schuhsohle	Korallenriff	grasgrün

KV 9.6

Zilli Zebra bei Freddie, dem Frosch (2):
Zebra-Auftrag Nr. 48, 49 und 50

Tag 2: ______________________ Tag 3: ______________________ Tag 4: ______________________

Versuche, Sätze zu schreiben! Höre dir den Satz genau an und überlege zuerst, welche Wörter du verlängern musst! Suche das passende Zauberwort. Verlängere das Wort so, dass du weißt, wie du das Wort richtig schreibst!
Schreibe den Satz dann auf und zeichne bei jedem verlängerten Wort das Froschsymbol und die Froschbuchstaben ein!

KV 9.7

Helferblatt für die Zebra-Aufträge 47–50

Diktieren Sie die folgenden Sätze und achten Sie darauf, dass Ihr Kind für jedes zu verlängernde Wort (fett markiert) das Zauberwort findet und das Wort verlängert. Achten Sie vor allem auf die zusammengesetzten Wörter, bei denen auch der erste Wortteil verlängert werden muss.
Beim Einzeichnen des Froschsymbols ist darauf zu achten, dass die Bögen des Frosches die letzte Silbe einschließen, um die entsprechende Rechtschreibregel leichter erschließbar zu machen (z. B. du ziehst => wir zie-hen => Froschbögen um die letzte Silbe „-hen").

Zebra-Auftrag Nr. 47

Rehkitz, Sitzkissen, Briefkasten, Schieflage, Briefbeschwerer, Klangschale, Müllabfuhr, Türgriff, Gepäckstück, Schlossbesitzer, Fischernetz, Schlagzeug

Zebra-Auftrag Nr. 48

Du **musst** im **Laubwald** heute **schnell** noch einen großen **Pilz** finden!
Der **Zwerg Glimmbald isst** ihn sonst auf!
Er **kennt** den **Berg,** an dem der **Pilz steht, richtig gut!**
Lauf schnell, sonst ist er **weg,** wenn du **kommst!**
Dann **legst** du den **Pilz** auf den **Holzkohlengrill** und **trinkst** ein **Glas** mit **Apfelsaft!**
Zum **Schluss freust** du dich und **springst** über das **Gras.**

Zebra-Auftrag Nr. 49

Das **Kind spielt** am **Esstisch** ein **Tischfußballspiel.**
Danach **geht** es **beschwingt** in den **Kuhstall.**
„Was **frisst** denn die **Kuh** dort hinten im **Eck?**", **denkt** sich das **Kind.**
Schnell sieht es nach und **rennt** zu dem **Kalb.**
Oh **Schreck!** Das **Kalb** hat einen **Turnschuh** im **Maul!**

Zebra-Auftrag Nr. 50

„Stopp! Wenn du das **frisst,** bekommst du **Bauchweh!**", **schreit** das **Kind.**
Schnell wie der **Blitz nimmt** es der **Kuh** den **Turnschuh** aus dem **Maul.**
Nun kommt Opa mit seinem **Gehstock** in den **Kuhstall.**
„Du bist ein **Tierretter!** Das **Kalb** ist nur **knapp** schlimmem **Bauchweh** entgangen!", **lobt** er sein **Enkelkind.**
Das **Kind spürt** das **Glück** und die Freude über das **Lob überall** in sich.

Station 10:

Zilli Zebra bei Karli Krabbe

Trainingsschwerpunkte
- Ableitung von Wörtern zur richtigen Schreibweise von e / ä und eu / äu

Begrüßung / Erfahrungen mit den Zebra-Aufträgen

Hallo! Willkommen auch heute wieder bei Gustav und Zilli! Die beiden werden heute am Flussufer ein Stückchen weiter wandern und Karli, die Krabbe kennen lernen! Habt ihr alle eure Abenteuermappen mit euren erledigten Zebra-Aufträgen dabei?

Besprechen der Zebra-Aufträge

Die Durchführung erfolgt analog zu den vorherigen Stationen.

Entspannungsspiel

Eines der Entspannungsspiele wird gemäß den Hinweisen aus Station 8 (siehe S. 105) wiederholt.
→ KV 2.4, 3.1, 4.1, 5.1, 6.1 oder 7.1 als Kopie für den Lehrer

Einführungsgeschichte: Zilli Zebra bei Karli Krabbe

Der Lehrer liest die Einführungsgeschichte vor oder erzählt sie frei nach.
→ KV 10.1 als Kopie für den Lehrer

In dieser Station wird das Ableiten von Wörtern eingeübt, um das ä und äu richtig einzusetzen. Dabei werden nur ableitbare ä- / äu-Wörter verwendet. Es gibt einige Wörter, die nicht ableitbar sind, sondern als Merkwort auswendig gelernt werden müssen (z. B. Bär, Märchen).
Sollten Fragen zu solchen Wörtern aufkommen, weist der Lehrer die Kinder darauf hin, dass man sich einige wenige Wörter mit ä einfach auswendig merken muss.
Ein Teil dieser Merkwörter wird auch in Station 11 anhand der Merkwörterliste eingeübt.

Zebra-Trick Nr. 9

Die Kinder lernen, die Wörter anhand der Bildung der Einzahl oder der Grundform des Verbes mit entsprechenden Zauberwörtern oder durch verwandte Wörter zu überprüfen, ob im Wortstamm ein „a" oder „au" enthalten ist. Ist dies der Fall, wird das jeweilige Wort mit „ä" oder „äu" verschriftet. Bleibt der Laut unverändert (z. B. Hefte – Heft), wird er mit „e" oder „eu" verschriftet.
→ KV 10.2 als Kopie für jedes Kind sowie als Folie auf OHP
→ KV 10.3 ausgeschnittene Kärtchen „Zauberwörter" für jedes Kind

Zebra-Auftrag Nr. 51

Der Lehrer liest jedes Wort vor und die Kinder leiten die Wörter ab. Sie schreiben zunächst das Zauberwort mit der Ableitung auf, überlegen, ob sich der ä-Laut verwandelt hat (z. B. aus Gläser wurde Glas) und schreiben darunter dann das ursprüngliche Wort. Dabei zeichnen sie immer das Symbol der Krabbenscheren zwischen das Wort und die verkürzte Endung. Bei Wörtern mit ä zeichnen sie zudem die Krabbenaugen über die „ä-Punkte".
→ KV 10.4 als Kopie für jedes Kind (2 x pro Kind kopieren)

Wörterliste:
Schwämme, Hefte, Ängste, Äffchen, Beule, Betten, Ende, Ränder, Ernte, Städtchen, Beute, Bäuche, leuchten, kälter, überschäumend

Auflockerungsspiel: Flüsterpost

Jeweils ein Kind denkt sich ein Wort mit einem ä oder äu aus, das es bereits kennt. Dazu sucht es die Ableitung mit dem Zauberwort. Dies flüstert es nun dem Nachbarkind zu, das es flüsternd weitergibt. Reihum wird bis zum letzten Kind weitergeflüstert (evtl. auch zwei Runden, falls es nur wenige Kinder sind). Dann wird überprüft, wie sich das Wort durch das Flüstern verwandelt hat. Danach denkt sich das nächste Kind ein Wort aus usw.

Pädagogischer Hinweis:
Mit diesem Spiel werden folgende Fähigkeiten trainiert:
- Assoziieren und Aktivieren von Wörtern mit ä und äu
- Schnelles Entscheiden über das richtige Zauberwort
- Akustische Differenzierung
- Genau Zuhören
- Aufmerksamkeit und Konzentration

Zebra-Auftrag Nr. 52

Die Durchführung erfolgt analog zu Zebra-Auftrag 51.
→ KV 10.4 als Kopie für jedes Kind

Wörterliste:
Verkäufer, teuer, sie schläft, Freude, Freunde, du träumst, Steuerrad, älter, Keule, Strände, verbeugen, er läuft, Schälchen, in der Nähe, heute

Zebra-Aufträge Nr. 53 bis 56 für die folgende Woche

Der Lehrer verteilt die Zebra-Aufträge und achtet darauf, dass die Kinder sie in ihre Abenteuermappe einordnen. Die Arbeitsaufträge können kurz besprochen werden.
→ KV 10.5 (3 x kopieren), 10.6, 10.7 als Kopie für jedes Kind

Abschlussspiel: Karli Krabbe

Der Lehrer liest die Wörterliste vor. Bei allen Wörtern, die ein ä oder äu enthalten, bewegen die Kinder ihre Hände wie Krabbenfühler über dem Kopf. Das Kind, das die Hände zuerst nach oben richtet, erhält einen Punkt. Wer die Hände bei einem e- oder eu-Wort nach oben streckt, verliert wieder einen Punkt.

Wörterliste:
Räuber, Leuchte, Käufer, Länder, teuer, Reue, Nähe, Läuse, Schläge, Ecke, Ende, Äpfel, schleudern, Wände, Wälder, Bettchen, Rätsel, Feldwege, Scheune, Ungeheuer, neutral, läuten, Schälchen, Taschengeld, Steuer, Fräulein, bläulich, Ärmchen, Engelchen

Pädagogischer Hinweis:
Mit diesem Spiel werden folgende Fähigkeiten trainiert:
- Einüben des Ableitens
- Motorische Verankerung der ä-Punkte (Krabbenfühler, Krabbenaugen)
- Schnelles Entscheiden über e/ä und eu/äu
- Reaktionsverzögerung bei Wörtern mit e/eu
- Motorische Koordination und Bewegung
- Genaues Zuhören
- Aufmerksamkeit und Konzentration

KV 10.1

Einführungsgeschichte: Zilli Zebra bei Karli Krabbe

Zilli Zebra und Gustav Giraffe gehen nun am Flussufer weiter, um Karli Krabbe zu finden. Freddie, der Frosch, hat die beiden zu ihr geschickt, damit sie noch ein bisschen mehr über das Verwandeln der Wörter erfahren. „Gustav, schau, nun schwimmen in dem Fluss ganz viele **ä** und **äu**! Was das wohl zu bedeuten hat?“, überlegt Zilli. „Hallo! Ich bin Karli Krabbe und warte schon auf euch!“, ruft da plötzlich eine kleine, rosafarbene Krabbe mit langen Krabbenscheren an den Händen. Und was für lustig wackelnde Stielaugen sie hat! „Sicher wollt ihr wissen, warum hier so viele Buchstaben und vor allem so viele ä und äu im Fluss schwimmen! Also, bei uns, den Krabben, gibt es viele Wörter, in denen sich ein a oder ein au versteckt hat. Das a und das au können sich nämlich verwandeln und werden dann zu ä und äu. Leider klingt das ä aber oft ganz genauso wie das e, und dann ist es ziemlich verwirrend, was man denn nun schreiben muss! Und das äu klingt ganz genau so wie das eu!“

Karli Krabbe schreibt die Buchstaben vor Zilli und Gustav in den Sand.

(Buchstaben an die Tafel schreiben!)

„Damit man weiß, ob es sich um ein e oder ein ä bzw. um ein eu oder ein äu handelt, muss man die Wörter wieder zurück verwandeln! Mit dem Verwandeln habt ihr nun ja schon Übung! Bei Freddie, dem Frosch, habt ihr die Wörter länger gemacht, weil er immer so ungeduldig weiter hüpft. Bei mir müsst ihr die Wörter kürzer machen, weil ich ihnen oft etwas mit meinen Krabbenscheren abschneide! Ich knipse einfach ein paar von den letzten Buchstaben weg – und schon ist das Wort verwandelt! Manchmal dürft ihr aber auch nichts abschneiden, sondern ihr müsst ein verwandtes Wort suchen.“

Zilli schwirrt schon der Kopf, aber Gustav nickt ihr aufmunternd zu. Und Karli erklärt gleich weiter: „Wenn ihr das Wort verwandelt habt, dann müsst ihr überprüfen, ob sich der „ä- oder äu-Laut“ zu einem a oder au verwandelt hat. Wenn er sich verwandelt hat, wisst ihr: **Hier hat sich ein a oder ein au versteckt!** Und dann gebt ihr diesem a oder au einfach meine Krabben-Stielaugen! Ihr malt einfach Pünktchen drauf – das sind meine Augen!
Wenn sich in dem Wort nichts verändert und das e immer noch wie e oder das eu immer noch wie eu klingt, wisst ihr: Hier ist kein a oder au versteckt! Dann schreibt ihr ein e oder eu.“

Zilli seufzt laut. Das klingt sehr schwierig. Aber Karli beruhigt sie: „Eigentlich ist das ganz einfach. Ihr müsst nur üben, das richtige verwandte Wort zu finden oder das Wort auf die richtige Weise kürzer zu machen. Aber da helfen euch ja meine Zauberwörter. Meistens müsst ihr einfach nur die Einzahl suchen. Nehmt euch dafür das Zauberwort „nur ein ...“. Manchmal müsst ihr euch den Gegenstand ganz groß vorstellen, vor allem bei Wörtern, die mit -chen oder -lein enden, z. B. Ärmchen oder Männlein. Dann macht ihr daraus „ein großer Arm“ oder „ein großer Mann“. Seht ihr, da hat sich jeweils ein a versteckt! Also schreibt ihr Ärmchen und Männlein mit ä! Manchmal ist das Zauberwort auch „wir“. Da müsst ihr dann die „wir-Form“ finden! Aber das kennt ihr ja schon von Freddie dem Frosch!“

KV 10.2

Zebra-Trick Nr. 9

Mein Trick für dich: Verwandle das Wort und mache es kürzer oder suche ein verwandtes Wort und überprüfe, ob sich das ä oder äu zu einem a oder au verwandelt!

Verändert sich der Laut bei der Verwandlung und du hörst nun ein **a** oder ein **au**, dann schreibe dein Wort mit **ä** oder mit **äu**!

Verändert sich der Laut bei der Verwandlung nicht, dann schreibe das Wort mit **e** oder mit **eu**!

Nimm dir für die Verwandlung meine Zauberwörter zu Hilfe!
Schau bei jedem Wort, welches Zauberwort passt!

Bilde die **Einzahl!**
Wähle deshalb die
Zauberwörter **nur ein ...**!

nur ein ________

Bilde ein **verwandtes Nomen!**
Wähle deshalb die
Zauberwörter **ein großer/eine große/ein großes ...!**

ein großer ______
eine große ______
ein großes ______

Bilde die Grundform oder die **wir-Form!**
Verwende deshalb das
Zauberwort **wir ...!**

wir ________

Wenn das Zauberwort nicht passt, suche ein **verwandtes Wort** (Nomen, Verb oder Adjektiv)!

B**äu**me => nur ein B**au**m	B**ä**chlein => ein großer B**a**ch	du schl**ä**fst => wir schl**a**fen
H**e**fte => nur ein H**e**ft	**E**ntchen => eine große **E**nte	sie l**eu**chtet => wir l**eu**chten

Wortkarten „Zauberwörter zum Ableiten“

nur ein ____________

ein großer ________
eine große ________
ein großes ________

wir ________________

nur ein ____________

ein großer ________
eine große ________
ein großes ________

wir ________________

nur ein ____________

ein großer ________
eine große ________
ein großes ________

wir ________________

nur ein ____________

ein großer ________
eine große ________
ein großes ________

wir ________________

nur ein ____________

ein großer ________
eine große ________
ein großes ________

wir ________________

KV 10.4

Zilli Zebra bei Karli Krabbe: Zebra-Auftrag Nr. 51 und 52

Suche das richtige Zauberwort! Mache die Wörter damit kürzer oder suche ein verwandtes Wort! Schreibe das verwandelte Wort auf.
Verändert sich der Laut bei der Verwandlung und du hörst nun ein a oder ein au, dann schreibe dein Wort mit ä oder mit äu!
Verändert sich der Laut bei der Verwandlung nicht, schreibe das Wort mit e oder mit eu!
Schreibe die Wörter immer gemeinsam mit ihren Zauberwörtern!
Zeichne auch die Krabbenschere und die Krabbenaugen ein!

nur ein Ball	ein großer Affe	der Raum	nur ein Heft
viele Bälle	viele Äffchen	aufräumen	viele Hefte

KV 10.5

Zilli Zebra bei Karli Krabbe: Zebra-Auftrag Nr. 53, 54 und 55

Tag 1: ____________________ Tag 2: ____________________ Tag 3: ____________________

Suche das richtige Zauberwort! Mache die Wörter damit kürzer oder suche ein verwandtes Wort! Schreibe das verwandelte Wort auf.
Verändert sich der Laut bei der Verwandlung und du hörst nun ein a oder ein au, dann schreibe dein Wort mit ä oder mit äu!
Verändert sich der Laut bei der Verwandlung nicht, schreibe das Wort mit e oder mit eu!
Schreibe die Wörter immer gemeinsam mit ihren Zauberwörtern!
Zeichne immer auch die Krabbenschere und die Krabbenaugen ein!

nur ein Fall	ein großer Ast	der Baum	nur ein Bett
viele Fälle	viele Ästchen	aufbäumen	viele Betten

KV 10.6

Zilli Zebra bei Karli Krabbe: Zebra-Auftrag Nr. 56

Tag 4: ______________________

Versuche, Sätze zu schreiben! Höre dir den Satz genau an. Überlege zuerst, welche Wörter du kürzer machen oder verwandeln musst! Suche das passende Zauberwort und verkürze das Wort dann.
Verändert sich der Laut bei der Verwandlung und du hörst nun ein a oder ein au, dann schreibe dein Wort mit ä oder mit äu!
Verändert sich der Laut bei der Verwandlung nicht, schreibe das Wort mit e oder mit eu!
Zeichne immer die Krabbenschere und die Krabbenaugen ein!

KV 10.7

Helferblatt für die Zebra-Aufträge 53–56

Diktieren Sie die folgenden Wörter und Sätze und achten Sie darauf, dass Ihr Kind jedes Wort mit dem entsprechenden Zauberwort ableitet. Auch die Symbole und müssen immer eingezeichnet werden.
Beim Schreiben der Sätze wird der Satz vorgelesen, dann überlegt das Kind, welche Wörter es ableiten muss, und sucht alle dazugehörigen Ableitungen. Danach schreibt es den Satz auf. Die Wörter, die abgeleitet werden müssen, sind fett (ä/äu) und kursiv (e/eu) gedruckt.

Zebra-Auftrag Nr. 53

Äste, Säfte, Ernst, testen, Gräben, Leute, Zeuge, Ärztin, Kälber, Kännchen, Ernte, Häufchen, Freude, umsäumen, teuer

Zebra-Auftrag Nr. 54

zerstäuben, Mäuse, abschälen, Treue, Flämmchen, werfen, Wasserkessel, Schneckenhäuser, regelmäßig, Spaziergänge , Quelle, Geschenkbänder, Geld, Freunde, erzählen

Zebra-Auftrag Nr. 55

Henkel, Schränkchen, Länderspiel, Feuerwehrmänner, Tennisplätze, Hennen, Schleuse, Jäger, Fingernägel, Hände, er läuft, er schlägt, Treue, gläubig, bläulich

Zebra-Auftrag Nr. 56

An den **Stränden** sind *heute* **kräftige** *Wellen.*
Der **Bräutigam läuft** *schnell* zu seinem **Fräulein.**
Die **Bäche plätschern** *freundlich* durch die **Wälder.**
Die **Jäger träumen** von *fernen, teuren* **Ländern** und einer *fetten Beute.*
Das **Schälchen fällt** vom **Schränkchen.**
Auf den **Dächern** weht ein immer **kälterer** Wind.
Die **Händchen** des **Säuglings** sind klein.

Station 11:

Zilli Zebra bei Amelie Ameise

Trainingsschwerpunkte
- Wissen über Wortbausteine
- Einüben von Merkwörtern

Begrüßung / Erfahrungen mit den Zebra-Aufträgen

Hallo! Willkommen auch heute wieder bei Gustav und Zilli! Die beiden werden heute wieder ein Stückchen weiter wandern und Amelie Ameise kennen lernen! Habt ihr alle eure Abenteuermappen mit euren erledigten Zebra-Aufträgen dabei?

Besprechen der Zebra-Aufträge

Die Durchführung erfolgt analog zu den vorherigen Stationen.

Entspannungsspiel

Eines der Entspannungsspiele wird gemäß den Hinweisen aus Station 8 (siehe S. 105) wiederholt.
→ KV 2.4, 3.1, 4.1, 5.1, 6.1 oder 7.1 als Kopie für den Lehrer

Einführungsgeschichte Teil 1: Zilli Zebra bei Amelie Ameise

Der Lehrer liest die Einführungsgeschichte vor oder erzählt sie frei nach.
→ KV 11.1 Teil 1, Einführungsgeschichte als Kopie für den Lehrer

In dieser Station wird den Kindern Wissen über Wortbestandteile (Wortstamm, Vorsilbe, Endung) vermittelt sowie eine Liste mit einigen wichtigen Merkwörtern ausgehändigt. Die Merkwörter sind Wörter, die sich über keine Regel erschließen lassen, häufig vorkommen und somit auswendig gelernt werden müssen. Durch verschiedene Übungen sollen die Kinder dazu angeregt werden, sich diese Wörter einzuprägen. Dabei ist auch wichtig, den Eltern gegenüber zu betonen, dass diese Wörter immer wieder geübt werden sollten.
Die Einführungsgeschichte konzentriert sich zunächst auf die Wortbausteine.

Zebra-Trick Nr. 10

→ KV 11.2 als Kopie für jedes Kind sowie als Folie auf OHP

Zebra-Auftrag Nr. 57

Der Lehrer liest jedes Wort vor und die Kinder tragen die einzelnen Wortbestandteile in die jeweiligen Spalten ein. Weisen Sie dabei immer wieder darauf hin, dass man die Vorsilben und Endungen stets gleich schreibt. Betonen Sie dabei besonders die „v“-Schreibweise von „vor-“ und „ver-“. Heben Sie auch noch einmal hervor, dass die Endung anzeigen kann, zu welcher Wortart das Wort gehört und dass die Vorsilbe die Bedeutung von Wörtern verändert.
Zudem sollte immer der linguistisch korrekte Begriff „Endung“ und nicht „Nachsilbe“ verwendet werden, da die Endung in den meisten Fällen keine Silbe darstellt (Silben: lau-fen; Wortbausteine: lauf-en). Dies kann bei den Kindern für Verwirrung sorgen. Hierbei können Sie ihnen erklären, dass sie nun ja bereits auf der Profistufe angelangt sind und dass man dort übt, den Unterschied zwischen Silben und den Wortstämmen mit ihren Endungen herauszufinden. Außerdem sollte betont werden, dass die Wortstämme manchmal verlängert oder abgeleitet werden müssen, um sie korrekt zu schreiben.
→ KV 11.3 als Kopie für jedes Kind

Wörterliste:
gegenteilig, verlieren, frühlingshaft, Unbeweglichkeit, voraussichtlich, vorauslaufen, Unterführung, unentschieden, königlich, unermüdlich, übersehen, grünlich, übermächtig, Anfahrt, Gefährlichkeit

Auflockerungsspiel: Wettsingen

Der Lehrer nennt einen Wortstamm und die Kinder rufen reihum so viele passende Vorsilben wie möglich in die Gruppe. Wer eine Vorsilbe nennt, die nicht zum Wort passt, (z. B. „unter-sehen“) oder wem keine passende Vorsilbe mehr einfällt, scheidet aus. Derjenige, dem die meisten Vorsilben einfallen, gewinnt.

Folgende Wortstämme können verwendet werden:
-fahr- , -nehm- , -seh-, -fühl- , -brauch-, -schreib-,

Pädagogischer Hinweis:
Mit diesem Spiel werden folgende Fähigkeiten trainiert:

- Assoziieren und Aktivieren von Vorsilben
- Schnelle Entscheidung, ob es eine passende Wortbedeutung zu der Vorsilbe gibt
- Aufmerksamkeit und Konzentration
- Allgemeine Aktivierung

Einführungsgeschichte Teil 2: Zilli Zebra bei Amelie Ameise

Der Lehrer liest den zweiten Teil der Einführungsgeschichte vor oder erzählt ihn frei nach. Den Kindern wird die Liste mit den Merkwörtern ausgehändigt.
→ KV 11.4 als Kopie für den Lehrer
→ KV 11.5 als Kopie für jedes Kind sowie als Folie auf OHP

Zebra-Auftrag Nr. 58

Der Lehrer diktiert den Kindern ca. 10–15 Wörter der Merkwörterliste. Es werden die Wörter ausgewählt, die vermutlich bei den Kindern die größten Probleme verursachen. Die Kinder besprechen zunächst gemeinsam, wie dieses Wort geschrieben wird und wo die „Gefahrenstelle" lauert. Danach überlegt sich jedes Kind für jedes Wort eine „Eselsbrücke". Diese Ideen werden dann in der Gruppe gemeinsam besprochen. Die beste Eselsbrücke wird besonders gelobt. Nach dem Aufschreiben des Wortes werden die „Gefahrenstellen" farbig markiert und mit einem „Gefahrenschild" (Dreieck mit einem Ausrufezeichen, ähnlich einem Verkehrsschild) gekennzeichnet.
Die Kinder sollen dazu angeregt werden, sich intensiv mit der Schreibweise des jeweiligen Wortes auseinanderzusetzen und sich das Wort richtig einzuprägen.
→ KV 11.5 als Vorlage für den Lehrer und als Kopie für jedes Kind
→ KV 11.6 als Kopie für jedes Kind

Zebra-Aufträge Nr. 59 bis 62 für die folgende Woche

Der Lehrer verteilt die Zebra-Aufträge und achtet darauf, dass die Kinder sie in ihre Abenteuermappe einordnen. Die Arbeitsaufträge können kurz besprochen werden.

Der Lehrer weist die Kinder darauf hin, dass sie in dieser Woche Zeit haben, zu Hause bisher nicht erledigte Zebra-Aufträge nachzuholen. Da in der folgenden Station die Siegerehrung stattfindet, möchten manche Kinder vielleicht noch einige Streifen sammeln.
→ KV 11.7 (2 x kopieren), 11.8 (2 x kopieren), 11.9 als Kopie für jedes Kind

Abschlussspiel: Verrückte Sätze

Die Kinder haben die Merkwörterliste vor sich liegen. Jedes Kind denkt sich einen möglichst unsinnigen, „verrückten" Quatschsatz aus, in dem mindestens zwei Wörter aus der Wörterliste vorkommen. Danach wird abgestimmt, welcher Satz am verrücktesten ist. Dieses Kind erhält dafür einen Punkt. Je nach zeitlichen Möglichkeiten kann das Spiel so lange gespielt werden, bis ein Kind drei Punkte hat.

Pädagogischer Hinweis:
Mit diesem Spiel werden folgende Fähigkeiten trainiert:

- Einüben und Vertiefen der Merkwörter
- Einbinden der Merkwörter in Sätze
- Genaues Zuhören
- Aufmerksamkeit und Konzentration
- Fairness beim Abstimmungsprozess

KV 11.1

Einführungsgeschichte Teil 1: Zilli Zebra bei Amelie Ameise

Karli Krabbe ist sehr zufrieden mit Zilli und Gustav: „Ihr habt schon viel über uns Krabben gelernt und findet alle „ä"- und „äu"-Stellen schon gut heraus. Nun müsst ihr unbedingt Amelie Ameise besuchen. Sie zeigt euch, wie die Wörter zusammengebastelt werden!"

Schon bald entdecken Zilli und Gustav eine Ameise, die am Fluss auf sie wartet. „Hallo ihr beiden! Ich bin Amelie und werde euch noch etwas mehr über die Wörter erzählen!" – „Wie schön, dich kennen zu lernen!", freuen sich Gustav und Zilli. „Aber was trägst du denn für lustige Blätter herum?" – „Das sind die Wortbaustein-Blätter! Ihr seht, ich trage drei verschiedene Blatt-Formen auf mir. Das erste Blatt auf meinen Fühlern ist ein „Vorsilben-Blatt", das Blatt auf meinem Rücken ein „Wortstamm-Blatt" und das Blatt auf meinem Hinterleib ist das „Endungs-Blatt". Wisst ihr, Wörter werden ganz oft aus diesen verschiedenen Blättern, also den Wortbausteinen, zusammen gebastelt. Nehmen wir mal das Wort „ver-fahr-en". Da gehört das „ver" in das Vorsilbenblatt, das „fahr" in das Wortstamm-Blatt und das „en" in das Endungs-Blatt. Oder bei dem Wort „Aus-fahr-t". Das „aus" gehört zum Vorsilbenblatt, das „fahr" wieder zum Wortstammblatt und das „t" zum Endungsblatt. Es gibt aber auch die „Vor-fahr-t": Vorsilbe „vor", Wortstamm „fahr", Endung „t"!"

Zilli und Gustav finden das sehr spannend. Deshalb muss Amelie gleich weiter erklären: „Dabei haben wir nun jedes Mal den Wortstamm „fahr" verwendet. Ihr seht, die **Vorsilbe** verändert die **Bedeutung!** Eine Aus-fahrt ist etwas ganz anderes als die Vor-fahrt, weg-fahren ist etwas ganz anderes als sich ver-fahren. Und die **Endung** verändert die **Wortart!** Die Endung „-en" zeigt uns hier ein Verb an, die Endung „-t" ein Nomen. Achtet also gut auf die Vorsilben und auf die Endungen! Ganz wichtig ist auch, dass ihr den Wortstamm immer gleich schreibt. Den Wortstamm „-fahr-" schreibt ihr immer mit Dehnungs-h, egal welche Vorsilbe oder Endung ihr daran hängt. Oder den Wortstamm „-putz-" schreibt ihr immer mit „tz": weg-putz-en, Putz-Eimer, putz-ig, usw.! Die Schreibweise des Wortstamms bleibt also immer gleich! Aber auch die Vorsilben und die Endungen werden immer gleich geschrieben. Prägt euch also gut ein, wie ihr sie schreibt. Dann werdet ihr noch viel besser schreiben können!" Darüber freut sich Zilli!

Amelie erklärt weiter: „Manchmal gibt es auch Wörter, in denen zwei oder drei Vorsilben und zwei oder drei Endungen aneinander stoßen! Zum Beispiel bei un-er-müd-lich! Der Wortstamm ist „müd" (wie bei „müd-e sein"), die erste Vorsilbe ist „un-", die zweite Vorsilbe ist „-er-" und die Endung ist „-lich". Das „lich" macht das Wort zum Adjektiv/Wiewort! Passt also gut auf und überlegt, welche Vorsilben und Endungen aneinander stoßen!"

Zilli überlegt: „Aber was passiert, wenn mehrere gleich klingende Buchstaben aneinander stoßen? Wie z. B. in „auf-fass-en" oder in „aus-sag-en". Muss ich dann alle Buchstaben der Vorsilben und Endungen aufschreiben?" „Genau! Du darfst keinen Buchstaben der Vorsilben und Endungen vergessen!" Nun hat Gustav noch eine Frage: „Die Schnecke Dehnina hat uns beigebracht, dass es Wörter mit den Papagei-Til-Buchstaben gibt, bei denen man kein Dehnungs-h schreiben darf, wie z. B. bei dem Wort „spülen". Was mache ich aber nun, wenn ich davor eine Vorsilbe hänge, wie „ab-spülen", oder ein anderes Nomen, wie bei „Geschirr-Spüler"?" – „Oh, das ist eine sehr wichtige Frage! Dann gilt immer der **erste Buchstabe** des **Wortstammes,** und nicht der erste Buchstabe der Vorsilbe! Sucht also immer nach dem Wortstamm! Wenn ihr es übt, wird es euch sehr bald gut gelingen!"

KV 11.2

Zebra-Trick Nr. 10

Sehr viele Wörter kann man in verschiedene Bausteine zerlegen! Dies hilft dir beim Schreiben! Diese Bausteine heißen

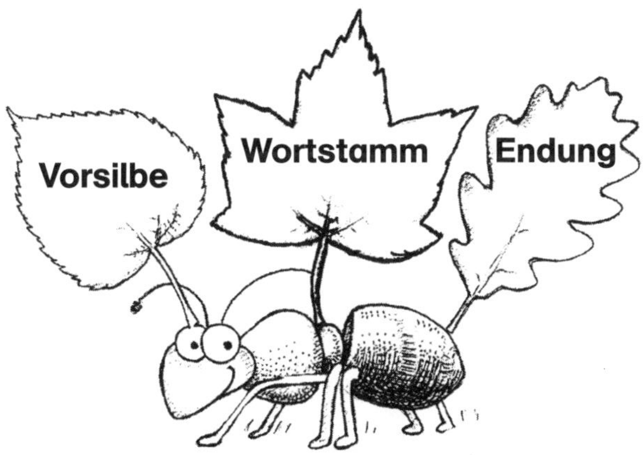

Mein Trick für dich: Die Vorsilben und Endungen schreibt man immer gleich. Auch der Wortstamm wird immer gleich geschrieben, egal welche Vorsilbe oder Endung du daran hängst!

Achtung! Manchmal wird in einem Wortstamm ein a zu einem ä verzaubert!

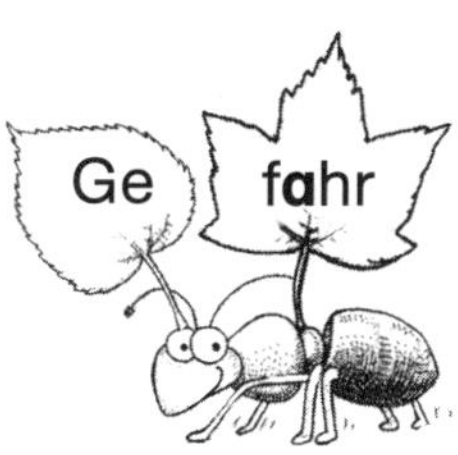

=>

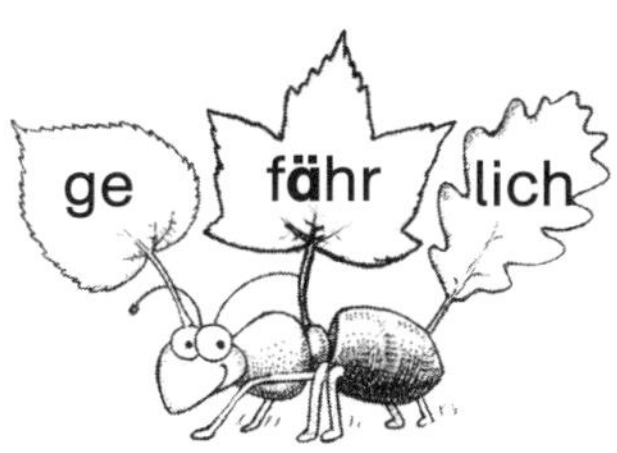

Die **Vorsilbe** verändert die **Bedeutung** eines Wortes!
Zum Beispiel auf-schreiben, unter-schreiben, ab-schreiben, hin-schreiben, ...
Die **Endung** verrät dir oft die **Wortart!** Achte also ganz besonders auf die Endung! Zum Beispiel Krank-heit, kränk-lich, er-krank-en

Achtung!! Merke dir besonders die Schreibweise dieser Vorsilben! Sieh dir die Gefahrenstellen genau an!

a**b-**, au**s-**, da**v**on-, en**t-**, fes**t-**, for**t-**, he**r**aus-, he**r-**, he**r**ei**n-**, he**r**u**m-**, hi**n-**, hi**n**ei**n-**, lo**s-**, mi**t-**, u**m-**, u**n-**, un**t**er-, **v**er-, **v**or-, we**g-**, zurü**ck-**

Merke dir besonders die Schreibweise dieser Endungen! Sieh dir die Gefahrenstellen genau an!

Nomen: -un**g**, -hei**t**, -kei**t**, -ni**s**, -ni**ss**e, -i**gk**eit, -lin**g**

Adjektive: -en**d**, -el**nd**, -haf**t**, -i**g**, -li**ch**, -lo**s**, -ne**nd**, -sa**m**

KV 11.3

Zilli Zebra bei Amelie Ameise: Zebra-Auftrag Nr. 57

Kannst du für mich die einzelnen Bausteine der Wörter finden?
Trage zuerst den Wortstamm ein, danach die Vorsilbe und erst zum Schluss die Endung.
Verrät dir die Endung etwas über die Wortart?
Zeichne bitte immer auch das entsprechende Blatt um die einzelnen Wortbausteine!
Achtung! Manchmal gibt es mehrere Vorsilben oder Endungen!

Vorsilbe 1 | Vorsilbe 2 | Wortstamm | Endung 1 | Endung 2

KV 11.4

Einführungsgeschichte Teil 2: Zilli Zebra bei Amelie Ameise

Etwas später ruft Zilli glücklich: „Amelie, wir haben nun schon viele Wortbausteine gefunden! So schwer ist es eigentlich gar nicht!" - „Wunderbar!", freut sich Amelie. „Übt nur fleißig weiter, dann werdet ihr noch viel, viel besser werden! Schließlich seid ihr ja inzwischen auf der Profistufe!"
Amelie beglückwünscht Zilli und Gustav zu ihrem Erfolg.

„Dann kann ich euch nun noch etwas Anderes erklären! Seid ihr bereit dazu?", fragt sie nun. „Leider gibt es nämlich viele Wörter, die sehr eigensinnig sind und sich an gar keine Regeln halten. Sie wollen immer aus der Reihe tanzen und brauchen viel Aufmerksamkeit. Deshalb muss man sich um diese Wörter besonders gut kümmern und ganz genau lernen, wie sie geschrieben werden. Ich habe euch auf ein wunderschönes Blatt die wichtigsten dieser Wörter geschrieben und hoffe, dass ihr sie euch ganz genau anseht und gut einprägt.
Achtet gut auf die Gefahrenstellen! Sucht euch zu jedem Wort eine „Eselsbrücke" oder einen Merksatz, damit ihr euch die Gefahrenstelle besser merken könnt. Übt diese Wörter immer und immer wieder, denn ihr wisst ja: Diese Wörter brauchen von euch sehr viel Aufmerksamkeit!
Hier bekommt ihr nun die Wörterliste überreicht!"

KV 11.5

Wörterliste Merkwörter

Versuche, dir die Merkwörter gut zu merken!

Suche alle Gefahrenstellen heraus und markiere sie farbig!
Wie kannst du dir die Gefahrenstellen gut merken?

Aal
Aas
Haar
Paar
Saal
Saat
Staat
Waage

See
Tee
Fee
Klee
Schnee
Speer
Teer
Gelee
Allee
Armee

Heer
Beere
Erdbeere
Himbeere
Brombeere
Idee
Seele
leer
Kaffee
Meer

Zoo
Moos
Boot
Moor
doof

dann
denn
wenn
statt

bisschen

fertig
fern
fort

Ferien

vier
viel
Vater
Vogel
Pulver
bevor
Vieh
Kurve
Vetter
Klavier
November
Vampir
Vitamin
Ventil
privat
Silvester
Lokomotive
Pullover
Video

Gymnasium
Pyjama
Gymnastik
System
Bayern
jetzt
plötzlich
trotzdem

sehr
ihn
ihm

Tiger
Hobby
Theater
Thema
Thermometer
kam
war
Wal
Nil
Bibel
Biber
Brise
Minute
Mine
Ski
wider (gegen)
Igel
Fibel

traf
Bar

Dom
einmal
Zone

los
bis

Mädchen
Bär
Käfer
Moräne
Lärm
gähnen
Kapitän
zäh
Mähne
Hai
Mai
Kaiser
Mais
Waisenkind

man

Stadt

Wachs
Dachs
sechs
Büchse
Ochse
wachsen
Eidechse
Fuchs
Erwachsener
Luchs

Lachs

stiehlt
Vieh

KV 11.6

Zilli Zebra bei Amelie Ameise: Zebra-Auftrag Nr. 58

Schreibe die Merkwörter auf! Suche alle Gefahrenstellen heraus und markiere sie farbig! Wie kannst du dir die Gefahrenstellen gut merken?

KV 11.7

Zilli Zebra bei Amelie Ameise: Zebra-Auftrag Nr. 59 und 61

Tag 1: ________________________ Tag 3: ________________________

Schreibe die Merkwörter auf! Suche alle Gefahrenstellen heraus und markiere sie farbig! Wie kannst du dir die Gefahrenstellen gut merken? Denke dir etwas aus!

Kannst du für mich Wörter finden, die ein (oder zwei) Vorsilben, einen Wortstamm und eine Endung haben? Was verrät dir die Endung über die Wortart? Zeichne bitte immer auch das entsprechende Blatt um die einzelnen Wortbausteine!

Vorsilbe 1	Vorsilbe 2	Wortstamm	Endung 1	Endung 2

KV 11.8

Zilli Zebra bei Amelie Ameise: Zebra-Auftrag Nr. 60 und 62

Tag 2: ____________________ Tag 4: ____________________

Denke dir Quatschsätze mit den Merkwörtern aus!
Suche bei den Merkwörtern alle Gefahrenstellen heraus und markiere sie farbig!

Kannst du für mich Wörter finden, die ein (oder zwei) Vorsilben, einen Wortstamm und eine Endung haben? Was verrät dir die Endung über die Wortart?
Zeichne bitte immer auch das entsprechende Blatt um die einzelnen Wortbausteine!

Vorsilbe 1 | Vorsilbe 2 | Wortstamm | Endung 1 | Endung 2

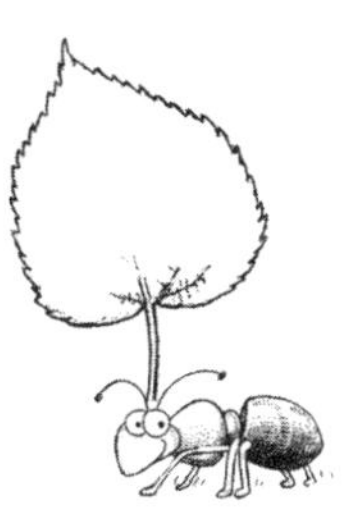
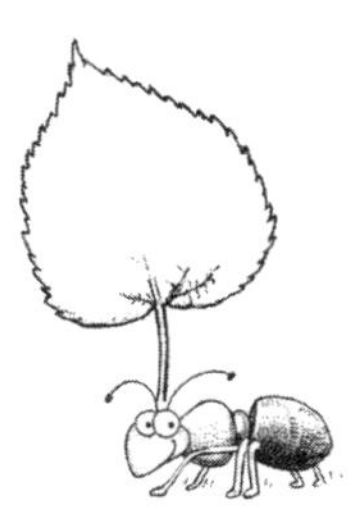

KV 11.9

Helferblatt für die Zebra-Aufträge 59–62

Diktieren Sie die folgenden Wörter und achten Sie darauf, dass sich Ihr Kind die Merkwörter gut einprägt. Suchen Sie „Eselsbrücken“ und markieren Sie mit Ihrem Kind die Gefahrenstellen farbig.
Manche Wörter klingen sehr ähnlich, haben aber eine unterschiedliche Bedeutung und Schreibweise. Besprechen Sie die Bedeutung und die entsprechende Schreibweise dazu mit Ihrem Kind und denken Sie sich gemeinsam passende Beispielsätze aus.

Zebra-Auftrag Nr. 59

Merkwörter:
Schnee, Zoo, Ferien, Vater, trotzdem, war / wahr, Minute, wider / wieder, Mais, Erwachsene
Beispiele für Wortbausteine:
Abfahrt, auffahren, wegnehmen, unscheinbar, ungewöhnlich

Zebra-Auftrag Nr. 60

Waage, Idee, bisschen, Fernsehen / fern, Kamm / kam, Kaiser, Fuchs, er stiehlt

Zebra-Auftrag Nr. 61

Merkwörter:
Haar, Tee, viel, jetzt, ihn / in, Igel, gähnen, Stadt, wachsen, Kurve
Beispiele für Wortbausteine:
versehentlich, Verbesserung, Ungewissheit, verbrauchen, Gefährlichkeit

Zebra-Auftrag Nr. 62

Saal, Ochse, bevor, Kapitän*, plötzlich, Bär*, Mai, man / Mann

* Manche Wörter mit ä kann man nicht auf a oder au ableiten. Sie müssen auswendig gelernt werden.

Station 12:

Zilli Zebra beim Kleinen Schreibikönig

Trainingsschwerpunkte

- Transferstrategie zum Automatisieren der gelernten Trainingsinhalte
- Abschlussstunde

Hinweis

Diese Station erfordert aufgrund des Trainingsabschlusses einen etwas größeren zeitlichen Rahmen. Wenn möglich, sollten ca. 20–40 Minuten mehr eingeplant werden. Ist dies nicht möglich, kann auf das Entspannungs- und Auflockerungsspiel und eventuell auch auf den zweiten Zebra-Auftrag verzichtet werden.

Begrüßung / Erfahrungen mit den Zebraaufträgen

Hallo! Heute heiße ich euch herzlich willkommen zu unserer letzten Stunde mit Gustav und Zilli! Die beiden werden heute zum Kleinen Schreibikönig zurückkehren und etwas Besonderes von ihm erhalten. Und ihr selbst dürft heute bei unserer Siegerehrung eure Streifen gegen Preise eintauschen! Habt ihr denn alle eure Abenteuermappen mit euren erledigten Zebra-Aufträgen dabei?

Besprechen der Zebra-Aufträge

Die Durchführung erfolgt analog zu den vorherigen Stationen. Der Lehrer sollte sich die aktuelle Anzahl der gesammelten Streifen notieren (s. auch Notizen in KV 0.1) und ermitteln, welches Kind der Sieger beim Streifensammeln ist.

Entspannungsspiel

Eines der Entspannungsspiele wird gemäß den Hinweisen aus Station 8 (siehe S. 105) wiederholt.

→ KV 2.4, 3.1, 4.1, 5.1, 6.1 oder 7.1 als Kopie für den Lehrer

Einführungsgeschichte: Zilli Zebra beim Kleinen Schreibikönig

Der Lehrer liest die Einführungsgeschichte vor oder erzählt sie frei nach.

→ KV 12.1 als Kopie für den Lehrer

In dieser Station lernen die Kinder die Strategie „Fingertipps“ zum Automatisieren der Trainingsinhalte. Dies dient dem Transfer von der Trainingssituation in die alltägliche schulische Situation. Dabei wird jedem Finger der Hand, mit der nicht geschrieben wird, eine Bedeutung gegeben. Mit diesen Fingern sollen die Kinder der Reihe nach einmal auf den Tisch „tippen“. So sollen sie sich während des Schreibprozesses immer wieder an die wichtigsten Themenbereiche und „Aufpass-Stellen“ erinnern.

Zebra-Trick Nr. 11

Hier erhalten die Kinder das Merkblatt zu den „Fingertipps“. In den Fingertipps sind folgende „Königs-Finger“ enthalten: Mit dem kleinen Finger wird überlegt, ob das Wort richtig groß oder klein geschrieben wurde. Mit dem Ringfinger wird das synchrone Mitsprechen in Silben überprüft, mit dem Mittelfinger das Verlängern und Ableiten. Der Zeigefinger erinnert daran zu überlegen, ob bzw. welche Rechtschreibregel in diesem Wort versteckt ist und ob diese richtig angewandt wurde. Der Daumen überprüft, ob Wortbausteine in dem Wort versteckt sind und ob diese richtig verschriftet wurden oder ob das Wort vielleicht ein Merkwort ist, das auf besondere Weise geschrieben wird.

→ KV 12.2 als Kopie für jedes Kind sowie als Folie auf OHP

Zebra-Auftrag Nr. 63

Den Kindern werden nun zuerst einzelne Wörter, danach Sätze diktiert. Nun überprüfen die Kinder anhand der Fingertipps die fünf „Aufpass-Stellen“ für jedes geschriebene Wort. Dabei tippen sie von außen nach innen (vom kleinen Finger zum Daumen) mit derjenigen Hand, mit der nicht geschrieben wird.

Der Lehrer fungiert hierbei zunächst als Modell und überprüft ein an die Tafel geschriebenes Wort anhand der Fingertipps. Dabei ist es wichtig, dass die Kinder diesen „Überprüfungsprozess“ (genannt „Wörterprüfung“) einmal in seiner vollen Ausführlichkeit erleben. Sie sollen trainieren, diesen Prüfprozess zu automatisieren. Der Lehrer spricht vor:

Ich mache die „Wörterprüfung“: Ich schreibe „Klemmbrett“ und überprüfe es mit den Fingertipps.

Der erste Königsfinger, der kleine Finger, lässt mich überlegen: „Habe ich das Wort richtig groß oder klein geschrieben?“ Ich denke an die Buchstabienchen und die Buchstabriesen. „Das Klemmbrett“, ein Namenwort. Ich habe es groß geschrieben, das ist richtig.
Der Ringfinger lässt mich nachdenken: „Habe ich genau in Silben gesprochen?“ Ich denke an Sonja Silbenente. Klemm-brett. Ja, richtig.
Der Mittelfinger erinnert mich daran zu überlegen, ob ich verlängern muss und ob es ein verwandtes „a- oder au-Wort“ gibt. Ich denke an Freddi Frosch und Karli Krabbe. Ich verlängere: wir klem-men, viele Bret-ter. Ich höre beim Verlängern ein doppeltes „m“ und ein doppeltes „t“. Ja, ich habe das Wort richtig geschrieben. Ich überlege, ob es bei „klemmen“ und „Bretter“ ein verwandtes „a- oder au-Wort“ gibt. Nein, „klemmen“ bleibt „klemmen“ und aus „Bretter“ wird „Brett“. Ich finde kein verwandtes „a“ oder „au“, also schreibe ich „e“.
Der Zeigefinger zeigt mir: „Welche Rechtschreibregel hat sich in diesem Wort versteckt?“ Ich denke an all die Wesen aus dem Reich der Zwerge und der Schnecken. Ich habe verlängert und habe doppelte Mitlaute gehört. Ich habe die Rechtschreibregel also richtig angewandt.
Nun komme ich zum Daumen. „Gibt es Vorsilben oder Endungen? Kenne ich den Wortstamm? Nein, ich finde keine. Den Wortstamm „klemm“ habe ich richtig geschrieben. Oder gibt es vielleicht ein Merkwort, das ich auswendig wissen muss? Nein, diesmal nicht. Gut, ich habe alles richtig geschrieben und mache ein Häkchen über das Wort.

Nun diktiert der Lehrer die Wörter der unten stehenden Liste. Alle Kinder schreiben das Wort, danach überprüft ein Kind das Wort laut anhand der Fingertipps, die anderen Kinder der Gruppe testen ihr geschriebenes Wort leise flüsternd mit. Reihum führt nun jedes Kind mindestens einmal laut die Wörterprüfung mit einem Wort durch. Wurde das Wort richtig überprüft und geschrieben, machen die Kinder ein Häkchen darüber.

Der Lehrer erinnert die Kinder immer wieder daran, dass es von nun an sehr wichtig ist, immer alle Wörter mit den Fingertipps zu überprüfen. Die Kinder beklagen sich hierbei häufig, dass dies zu aufwendig ist. Hierbei betont der Lehrer, dass es nur am Anfang lange dauert und man sich daran gewöhnt. Ziel ist, dass der „Kopf die Fingertipps ganz von alleine denkt“.
→ KV 12.3 als Kopie für jedes Kind

Wörterliste:
Knall, verliebt, anhänglich, schmücken, spüren, haarig, Sturz, Unbeweglichkeit, anhimmeln, Erdbeerkuchen, Waschpulver, witzig, erzählen, wegfahren, vergeblich, Vitamine, Fühler, siegen, mächtig, du schmeckst

Auflockerungsspiel

Die Kinder dürfen sich eines der Auflockerungsspiele der vergangenen Stationen aussuchen. Hierbei kann abgestimmt werden oder das Kind, das die meisten Streifen gesammelt hat, wählt aus.
→ Anleitungen zu den Spielen anhand der vorherigen Stationen

Zebra-Auftrag Nr. 64

Die Durchführung erfolgt analog zum Zebra-Auftrag Nr. 63. Nun werden ganze Sätze aus der Einführungsgeschichte, z. B. der zweite Abschnitt bis zu „Tatsächlich, er ist es!“, diktiert. Dabei wird jeder einzelne Satz zunächst ganz geschrieben, dann wird Wort für Wort anhand der Fingertipps überprüft. Dies findet wieder gemeinsam in der Gruppe statt, reihum überprüft jeweils ein Kind laut gesprochen ein Wort. Betonen Sie, dass es das Ziel ist, dass die „Wörterprüfung“ nach viel Übung im Kopf mehr oder weniger „von alleine“, also automatisch, ablaufen soll.
→ KV 12.1 als Kopie für den Lehrer
→ KV 12.3 als Kopie für jedes Kind

Elterninformation und Zebra-Auftrag für die folgende Zeit

Der Lehrer verteilt die Elterninformation und betont die Wichtigkeit, dass die Kinder auch weiterhin mit ihren Eltern üben. Besonders wichtig ist hierbei das regelmäßige Anwenden der Fingertipps. Ausgeteilt wird zudem noch eine Kopie der KV 12.3 für das weitere Üben zu Hause. Die Kinder ordnen die beiden Blätter in ihre Abenteuermappe ein und werden daran erinnert, diese zu Hause abzugeben.
→ KV 12.3 als Kopie für jedes Kind
→ KV 12.4 als Kopie für jedes Kind

Abschlussgeschichte und Überreichen / Erstellen der kleinen Königsbücher

Der Lehrer liest den ersten Teil der Abschiedsgeschichte vor oder erzählt sie frei nach.
→ KV 12.5 als Kopie für den Lehrer
→ KV 12.6 als Folie auf OHP

Die Kinder sollen als künftige Erinnerungsstütze ihre Zebra-Tricks in übersichtlicher Form sammeln. Hierfür kann der Lehrer ein kleines Erinnerungsbuch („Königsbuch“) für jedes Kind vorbereiten, in dem alle Zebra-Tricks noch einmal als Kopie gesammelt sind. Dieses „Königsbuch“ kann er den Kindern während der Siegerehrung überreichen. Eine andere Al-

ternative ist, dass alle Kinder gemeinsam aus der Abenteuermappe alle Zebra-Tricks heraus nehmen und obenauf abheften oder in einen gesonderten Schnellhefter bzw. mit einer Heftschiene/Heftstreifen zusammen binden. Obenauf kommt immer das Deckblatt des kleinen Königsbuches.
Das Überreichen bzw. Erstellen der kleinen Königsbücher sollte von einer gewissen Feierlichkeit begleitet werden, um die Bedeutung dieses kleinen „Regelwerkes“ hervorzuheben.
→ KV 12.7 als Kopie für jedes Kind

Überreichen der Zebra-Urkunde und Eintauschen der Preise

Anhand der Übersicht über gesammelte Streifen in KV 0.1 ermittelt der Lehrer die aktuelle Anzahl der Streifen und somit auch den Sieger des „Streifen-Wettbewerbs“. Im Vorfeld wird für jedes Kind eine Siegerurkunde mit dem Namen des Kindes und (neben „PS“) der Unterschrift des Lehrers vorbereitet. Außerdem wird ergänzt, was am Verhalten des Kindes während des Trainings besonders positiv war (z. B. zebrastarke Mitarbeit, giraffenartige Zuverlässigkeit beim Lösen der Zebra-Aufträge, einfühlsames Verhalten innerhalb der Gruppe, etc.).

Jedem Kind wird einzeln seine Urkunde überreicht, in die dabei die aktuelle Streifen-Zahl eingetragen wird. Die Gruppe applaudiert dabei. Dem Sieger wird die Urkunde zum Schluss übergeben. Der Lehrer gratuliert ihm und lobt ihn in besonderem Maße. Bei der Urkundenübergabe soll keine Wertung der Anzahl der gesammelten Streifen stattfinden; jedes Kind hat seinem Können und seiner emotionalen Situation entsprechend so viele Streifen wie möglich gesammelt und sollte dafür auch angemessen gelobt werden.
→ KV 12.8 als Kopie für jedes Kind

Im Anschluss an die Urkundenübergabe tauschen die Kinder ihre Streifen nach den anfangs festgelegten Modalitäten (s. Hinweise S. 10f) gegen „Preise“ ein. Der Sieger des Trainings sollte dabei in jedem Fall einen besonderen Preis (z. B. eine kleine Zebra-Stofffigur) erhalten.

Kleine Abschiedsparty mit Abschlussspiel

Falls der Zeitrahmen es zulässt, kann eine kleine Abschiedsparty (evtl. mit Essen, Trinken und „Disco-Musik“) stattfinden. Zudem wird ein Spiel aus den vorherigen Stationen als Abschlussspiel gespielt, das sich der Sieger aussuchen darf.

Verabschiedung

Der Lehrer liest den zweiten Teil der Abschlussgeschichte vor.
→ KV 12.5 als Kopie für den Lehrer
→ KV 12.6 auf Folie für den OHP

In einer kurzen Abschieds- und Reflektionsrunde berichten die Kinder, wie ihnen die Reise durch das Land der Schreibis mit Gustav und Zilli gefallen hat.

KV 12.1

Einführungsgeschichte: Zilli Zebra beim Kleinen Schreibikönig

Zilli und Gustav werden heute von Amelie Ameise mit diesen Worten verabschiedet: „ Ihr habt bei mir schon viel gelernt und könnt eure Reise nun fortsetzen. Geht nun weiter am Fluss entlang, bis ihr an eine wunderschöne, große Wiese gelangt. Auf dieser Wiese wird euch jemand erwarten, den ihr schon gut kennt!" Geheimnisvoll lächelnd winkt sie ihnen hinterher.

Gustav und Zilli sind gespannt, wen sie wohl treffen werden. Schon von Weitem sehen sie die Wiese. Sie liegt an einem See, in den der Verwandlungsfluss, an dem sie nun so lange entlang spaziert sind, fließt. Unter einem Baum sitzt, ganz entspannt, ein kleines Wesen. Als sie näher kommen, erkennen sie, wer hier auf sie wartet: der Kleine Schreibikönig! Tatsächlich, er ist es!
„Schön, dass ihr es so weit geschafft habt!", ruft er ihnen freudig entgegen. „Setzt euch zu mir! Ich habe eine wichtige Überraschung für euch!" Geheimnisvoll kramt er in seiner glitzernden Tasche. Endlich holt er eine große Rolle Pergament heraus. „Seit vielen Generationen wird dieses Schriftstück weitergegeben. Ich erhielt es von meinem Vater, dieser wiederum von meinem Großvater. Ich möchte es euch, liebe Zilli, lieber Gustav, nun überreichen. Gebt auch ihr es weiter, damit es noch vielen Wesen helfen kann." Er entrollt es mit feierlicher Miene. „Seht her, ich überreiche euch nun einen Trick, mit dem es euch gelingen wird, immer an die wichtigsten Regeln zu denken, die ihr hier in unserem Land gelernt habt. Das sind die „Fingertipps". Sie geben euch gute „Tipps". Und ihr könnt mit euren Fingern auf den Tisch „tippen" – deshalb heißen sie Fingertipps."

„Auf jedem der Königsfinger findet ihr ein Symbol, das euch zeigt, worauf ihr achten müsst. Dies sind die „Aufpass-Stellen". Lasst in eurem Kopf für jedes Wort nun eine „Wörterprüfung" ablaufen, um zu sehen, ob ihr das Wort richtig geschrieben habt.
Tippt dabei mit eurer Hand der Reihe nach vom kleinen Finger zum Daumen auf den Tisch. Nehmt die Hand, mit der ihr nicht schreibt. Überlegt mit jedem Finger, ob ihr die Aufpass-Stelle beachtet habt. Hat eure „Wörterprüfung" mit den Fingertipps gezeigt, dass ihr das Wort richtig geschrieben habt, dann macht ein Häkchen über das Wort."

„Oh, das klingt gut!", ruft Zilli. „Aber warum ist es so wichtig, dabei die Fingertipps zu verwenden?" Der Kleine Schreibikönig erwidert: „Die Fingertipps helfen euch, weil ihr eure eigene Hand immer dabei habt. Gebt den Fingern eurer Hand die Bedeutung der Fingertipps, und ihr habt sie in jeder Situation dabei. Ihr könnt sie nie vergessen! Ihr müsst die Fingertipps immer wieder üben. So lange, bis euer Kopf die „Wörterprüfung" eigentlich ganz von alleine macht, ohne dass ihr viel nachdenken müsst. – Nun aber überreiche ich euch dieses wertvolle Pergament. Darauf seht ihr, welche Aufpass-Stelle zu welchem Königsfinger gehört!"

KV 12.2

Zebra-Trick Nr. 11

Damit du sehr viele Wörter richtig schreibst, solltest du während des Schreibens immer eine „Wörterprüfung“ machen. Verwende dazu die Fingertipps. Sie helfen dir, an alle wichtigen „Aufpass-Stellen“ zu denken.

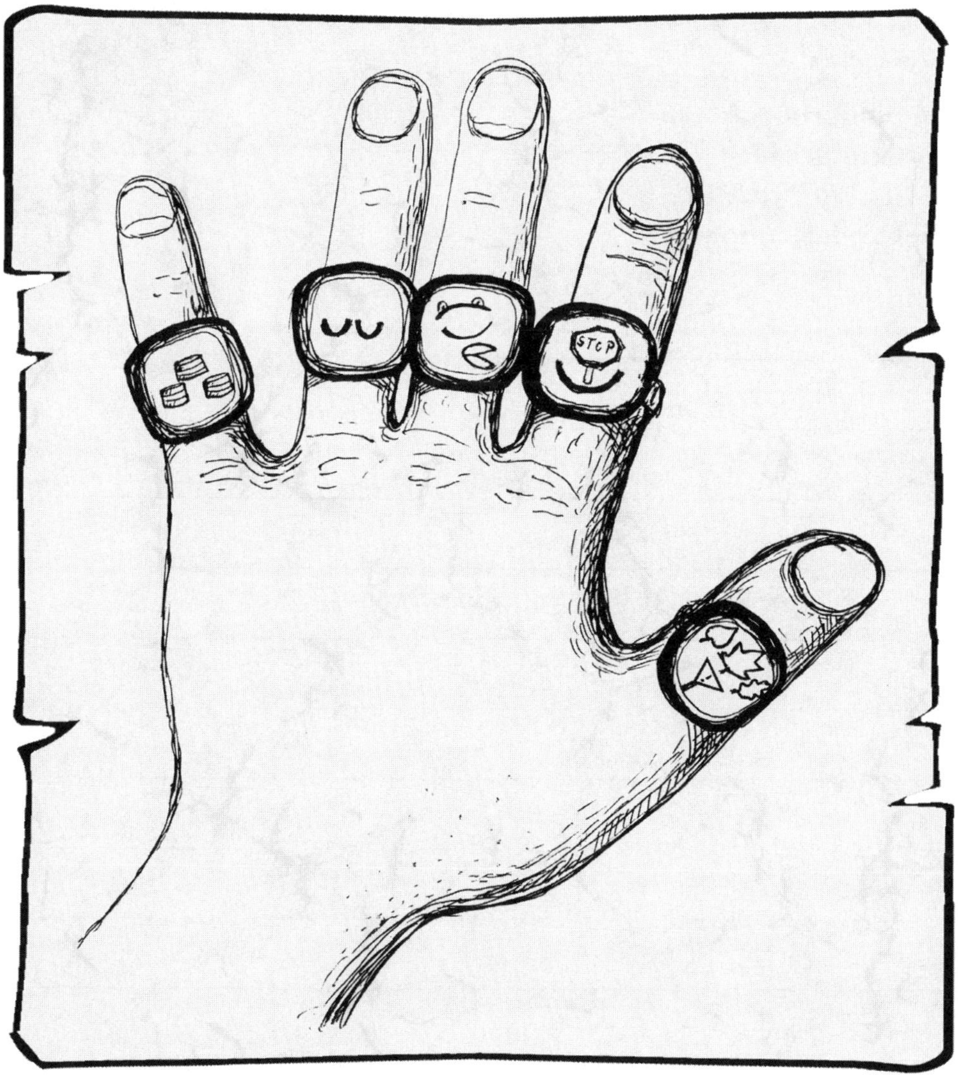

Die Aufpass-Stellen und ihre Fragen:

Kleiner Finger: Habe ich die Wortart beachtet und das Wort richtig groß oder klein geschrieben?

Ringfinger: Habe ich genau in Silben mitgesprochen?

Mittelfinger: Muss ich das Wort verlängern?
Oder muss ich es ableiten (e/ä, eu/äu)?

Zeigefinger: Hat sich in dem Wort eine Rechtschreibregel versteckt?

Daumen: Befinden sich in dem Wort Vorsilben oder Endungen?
Habe ich sie richtig geschrieben?
Oder ist das Wort ein Merkwort, das auf besondere Weise geschrieben wird?

KV 12.3

Zilli Zebra beim Kleinen Schreibikönig: Zebra-Auftrag Nr. 63 und 64

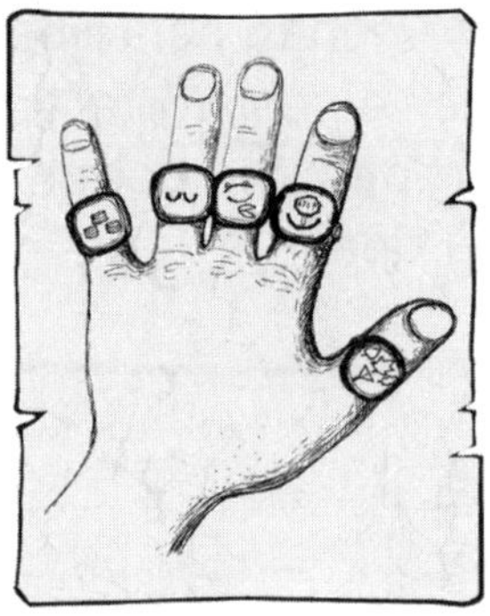

Überprüfe jedes Wort mit den Fingertipps! Tippe mit jedem Finger und überlege an allen Aufpass-Stellen, ob du das Wort richtig geschrieben hast. Wenn es richtig ist, mache ein Häkchen über das Wort!

KV 12.4

Zilli Zebra beim Kleinen Schreibikönig: Elterninformation

Liebe Eltern!

Ihr Kind hat nun das Rechtschreib-Trainingsprogramm „Gustav Giraffe und Zilli Zebra" durchlaufen. In dieser letzten Station hat es mit den „Fingertipps" eine Strategie zum Transfer des Erlernten erhalten. Damit diese Transfer-Strategie automatisiert wird, sollte das Kind diese regelmäßig üben. Versuchen Sie, die Übungszeiten, die Sie während dieses Trainings eingeführt haben, auch in der folgenden Zeit bestehen zu lassen. So kann Ihr Kind optimal von dem Trainingsprogramm profitieren.

Diktieren Sie Ihrem Kind einige Sätze, die anschließend anhand der Fingertipps kontrolliert werden. Mit den Fingertipps werden die fünf „Aufpass-Stellen" für jedes geschriebene Wort überprüft. Dabei tippt das Kind von außen nach innen (vom kleinen Finger zum Daumen) kurz auf den Tisch, und zwar mit derjenigen Hand, mit der nicht geschrieben wird.

Das zu diktierende Wortmaterial ist hierbei frei wählbar. Aufgrund der gelernten Regeln und Strategien ist Ihr Kind nun theoretisch dazu in der Lage, die meisten Wörter des Grundwortschatzes richtig zu schreiben.

Denken Sie auch daran, die Wörter der Merkwörterliste regelmäßig zu wiederholen.

Zur Motivation des Kindes kann die Vorlage für den Zebra-Auftrag verwendet werden, die Sie kopieren können. Sie können diese auch laminieren, um sie immer wieder mit wasserlöslichem Folienstift beschriften zu können.

Vielleicht denken Sie sich mit Ihrem Kind eine kleine Geschichte aus, was Zilli und Gustav weiterhin erleben. So üben Sie auch das freie Schreiben, während dessen die Fingertipps natürlich ebenfalls angewendet werden sollen.

Beim weiteren Trainieren wünsche ich Ihnen und Ihrem Kind viel Freude und Erfolg!

KV 12.5

Abschlussgeschichte und Verabschiedung: Abschlussparty

Teil 1:

Gustav und Zilli liegen nun ganz entspannt auf einer wunderschönen Wiese und sprechen über all ihre Erlebnisse. Da kommt plötzlich Bibbi Buchstabiene angeflogen und überreicht ihnen eine Einladungskarte. Darauf steht: „Liebe Zilli, lieber Gustav! Ihr seid heute am Ende eurer Reise durch das Land der Schreibis angelangt. Ihr hattet tolle Helfer, die euch auf eurer Reise begleitet haben und die viele Streifen für dich, liebe Zilli, gesammelt haben. Wir möchten euch deshalb alle zu einer kleinen Abschiedsparty auf die Wiese vor dem Schloss einladen! Dort wird auch eine Siegerehrung stattfinden, bei der Preise verteilt werden! Bitte kommt am Nachmittag zur Wiese des Schlosses! Eure Wesen aus dem Land der Schreibis."

Gustav und Zilli freuen sich sehr darauf, all ihre neuen Freunde noch einmal zu sehen. Alle sind sie auf der Wiese vor dem Schloss versammelt und warten auch auf euch, die Helfer, und begrüßen euch herzlich!

Auch der Kleine Schreibikönig begrüßt euch mit feierlicher Miene: „Hallo Zilli und Gustav, hallo liebe Kinder! Wir sind heute zusammen gekommen, um eine Abschiedsparty zu feiern und unseren Streifen-Sieger zu ehren! Wir freuen uns, dass ihr alle hier seid!" – „Oh, auch wir freuen uns ganz besonders, euch alle wieder zu sehen! Wir haben sehr viel bei euch gelernt!", jubeln Zilli und Gustav. – „Ja, ihr habt wirklich viel bei uns gelernt. Damit ihr uns aber nicht so schnell vergesst, haben wir ein kleines Geschenk für euch. Es ist das kleine Königsbuch mit allen Tricks, die ihr im Land der Schreibis erhalten habt. Wenn ihr euch einmal nicht ganz sicher seid, wie man einen Trick anwendet, könnt ihr einfach nachschlagen und euch wieder an uns erinnern. Versprecht uns, immer ganz fest an uns zu denken! Vor allem, falls ihr einmal Angst vor dem Schreiben habt! Wir sind in Gedanken immer bei euch, und so kann nichts mehr schief gehen. Hier bekommt ihr nun das kleine Königsbuch mit allen Tricks. Bewahrt es gut auf! Es ist euer kleiner Rechtschreib-Schatz!"

Teil 2:

Gustav und Zilli verabschieden sich nun von den Wesen im Land der Schreibis. Sie machen sich auf den Heimweg zu ihren Familien und zur Tierkinderschule. Dabei sind sie so erschöpft, dass sie einschlafen. Als sie wieder aufwachen, sehen sie neben sich das kleine Königsbuch liegen. Zilli sieht, noch etwas verträumt, an sich hinab und entdeckt, dass sie all ihre wunderschönen schwarzen Streifen zurückbekommen hat. Darüber freut sie sich sehr. Sie erinnert sich glücklich daran, wie viele tolle Tricks sie gelernt hat. Sie ist sehr stolz auf sich, wie gut sie nun schon schreiben kann. Traurig oder ängstlich ist sie nun nicht mehr – dank DEINER Hilfe! Deshalb ist sie auch sehr stolz auf DICH und dankt dir von ganzem Herzen. Nun verabschieden sich Gustav Giraffe und Zilli Zebra fröhlich winkend von dir!

Land der Schreibis

Das kleine Königsbuch für dich,

liebe(r)

______________________________,

als Erinnerung an mich!

Dein Kleiner Schreibikönig

KV 12.8

Deine Zebra-Urkunde

Ich, Zilli Zebra, gratuliere dir!

Du, ________________________________,

hast mir mit viel Freude und großem Einsatz dabei geholfen,

besser schreiben zu lernen. Durch deine Hilfe habe ich jetzt

wieder ________________ Streifen

und kann ein glückliches und stolzes Zebra sein.

Besonders toll fand ich, dass du

____.

Ich hoffe, dass du noch oft an mich und meine Zebra-Tricks

denkst und dass wir uns bald wiedersehen!

Bis zum nächsten Mal, deine Zilli Zebra

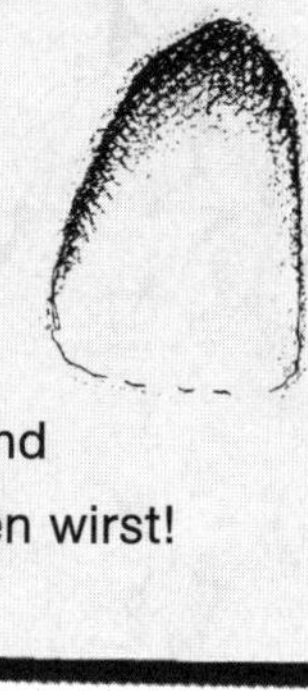

PS: ____________________ freut sich auch mit dir und
wünscht dir, dass du die Zebra-Tricks immer ganz toll anwenden wirst!

Literaturverzeichnis

- Buschmann, H. (1986). Die Methode des rythmisch-dynamischen Sprechschreibens bei Legasthenikern. Unveröffentlichter Vortrag des 7. Fachkongresses des Bundesverbandes Legasthenie, Hannover.
- Ehri, L.C. (1997). Sight word learning in normal readers and dyslexics. In B. Blachmann (Ed.), Foundations of reading acquisition and dyslexia: Implications for early intervention (pp. 163 – 189). Mahwah, NJ: Erlbaum.
- Frith, U. (1986). Psychologische Aspekte des orthographischen Wissens. In G. August (Ed.), New trends in graphemics and orthography (pp. 218–233). New York: de Gruyter.
- Fuhrmann, Elke (2004). Zaubergarten und Lieblingswiese. Baden-Baden: Humboldt.
- Fuhrmann, Elke (2004 a). Mein Freund, der Baum. Baden-Baden: Humboldt.
- Martschinke, S., Kirschhock, E. & Frank, A. (2005). Der Rundgang durch Hörhausen. Donauwörth: Auer-Verlag.
- May, P. (2000). Hamburger Schreibprobe HSP (5., unveränderte Auflage). Hamburg: vpm.
- Michel, H.-J. (2006). FRESCH. Freiburger Rechtschreibschule. Grundlagen – Diagnosemöglichkeiten – Praktische Übungen zum Thema LRS. Lichtenau: AOL-Verlag.
- Petermann, U. (2001). Die Kapitän-Nemo-Geschichten. Geschichten gegen Angst und Stress. Freiburg: Herder.
- Reuter-Liehr, C. (2001). Lautgetreue Rechtschreibförderung (2., überarbeitete Auflage.) Bochum: Winkler.
- Rinderle, B. (2008). Fit trotz LRS. Klasse 5 bis 7: Strategien und Übungen. Buxtehude: AOL (Persen-Verlag).
- Rinderle, B. (2008). Fit trotz LRS. Übungen und Strategien für LRS-Kinder. Band 1: Vier einfache Strategien mit passenden Übungen für Klasse 2 bis 4. Buxtehude: AOL (Persen-Verlag).
- Scheerer-Naumann, G. (1987). Ein Entwicklungsmodell zur Analyse der Rechtschreibschwäche. In L. Dummer (Hrsg.), Legasthenie – Bericht über den Fachkongress 1986. Hannover: Bundesverband Legasthenie.
- Schulte-Körne, G., Mathwig, F. (2007). Das Marburger Rechtschreibtraining. Bochum: Winkler.
- Suhr-Dachs, L. & Döpfner, M. (2005). Leistungsängste. Therapieprogramm für Kinder und Jugendliche mit Angst- und Zwangsstörungen (THAZ), Band 1. Göttingen: Hogrefe.
- Tacke, G. (2007). Das 10-Minuten-Rechtschreibtraining. Donauwörth: Auer.
- Warnke, A., Hemminger, U. & Plume, E. (2004). Lese-Rechtschreibstörungen. Leitfaden Kinder- und Jugendpsychotherapie. Göttingen: Hogrefe.
- Zwenger-Balink, Brigitte (2004). Komm, wir finden eine Lösung!. München: Ernst Reinhardt-Verlag.

Mehr zum Thema Legasthenie: Ein kleiner Auszug bekannter Literatur

- Ganser, B. (2000). Lese-Rechtschreibschwierigkeiten. Diagnose, Förderung, Materialien. Donauwörth: Auer.
- Gasteiger-Klicpera, B., Klicpera, Ch. & Schabmann, A. (2007). Legasthenie: Modelle, Diagnose, Therapie und Förderung. Stuttgart: utb.
- Küspert, P. (2001). Wie Kinder leicht lesen und schreiben lernen. Ratingen: Oberstebrink.
- Schulte-Körne, G. (2002). Legasthenie: Zum aktuellen Stand der Ursachenforschung, der diagnostischen Methoden und der Förderkonzepte. Bochum: Winkler.
- Schulte-Körne, G. (2009). Ratgeber Legasthenie. München: Knaur.
- Warnke, A., Hemminger,U., Roth, E. (2002). Legasthenie. Leitfaden für die Praxis: Begriff, Erklärung, Diagnose, Behandlung, Begutachtung. Göttingen: Hogrefe.
- Warnke, A., Hemminger, U. & Plume, E. (2004). Lese-Rechtschreibstörungen. Leitfaden Kinder- und Jugendpsychotherapie. Göttingen: Hogrefe.

Grundschule, 3.–4. Jgst.
Hauptschule, 5. Jgst.
72 Seiten, DIN A4
ISBN 978-3-93725-213-1
Best.-Nr.: 125213
EUR 13,90

Susan Bertsch, Susanne Lehner, Christa Franz

Die tolle Knolle

Fächerübergreifende Unterrichtsmappe rund um die Kartoffel

Reich an Vitaminen und Mineralstoffen gehört die Kartoffel zu den gesündesten Nahrungsmitteln. Von Knollinchen, der kleinen Kartoffel, erfahren die Schüler alles über die wertvolle Feldfrucht. Sie erfassen das Thema in kleinen Gruppen und mit allen Sinnen. Sie probieren selbst ein Rezept aus und das gemeinsame Essen bildet den kulinarischen Abschluss. Sieben Unterrichtseinheiten, Arbeitsblätter und Kopiervorlagen geben zahlreiche Anregungen.

Grundschule, 3.–4. Jgst.
Sachunterricht
64 Seiten, DIN A4
ISBN 978-3-93725-216-2
Best.-Nr.: 125216
EUR 16,50

Monika Mertens

Rund um die Welt der Vögel

Unterrichtsmaterialien für die Grundschule

Vögel faszinieren Kinder immer wieder, nicht nur weil sie den Traum vom Fliegen verkörpern, sondern auch weil sie den Kindern regelmäßig im alltäglichen Leben begegnen. In der Grundschule sind Vögel ein fester Bestandteil des Sachunterrichts.
Das Buch bietet:
- ebenso sach- wie kindgerechte Bearbeitung des Themas „Vögel"
- fächerübergreifende Unterrichtsideen mit Verbindungen zu den Fächern Deutsch, Musik und Kunst
- Spiel zum Thema „Vögel"

Grundschule, 3.–4. Jgst.
fächerübergreifend
44 Seiten, DIN A4
ISBN 978-3-86708-012-5
Best.-Nr.: 108012
EUR 14,50

Silke Bausenwein

Architektur in der Grundschule

Ein fächerübergreifendes Projekt für die 3. und 4. Jahrgangsstufe

Unbewusst begegnen Kinder überall in ihrer Umgebung der Architektur, nicht nur bei Gebäuden, sondern auch auf Plänen oder in der Gestaltung von Räumen. Das Thema Architektur bietet die Möglichkeit, vielfältige Lernaspekte und Unterrichtsinhalte in einem abwechslungsreichen, handlungsorientierten und fächerübergreifenden Projekt zu vereinen. Mithilfe dieses Heftes lernen die Schüler nicht nur die Grundbegriffe der Architektur kennen, sondern sie erlernen z. B. auch die Anwendung von Maßstabsrechnungen und -zeichnungen, das Lesen und Zeichnen von Plänen oder das Erstellen von Präsentationen.

Petra Mönning

Die Jahreszeiten erleben

Fächerübergreifende Unterrichtsmaterialien für die Grundschule

Die Hefte „Frühling", „Sommer", „Herbst" und „Winter" beinhalten umfangreiche Kopiervorlagen und Arbeitsblätter für den Sachunterricht. Außerdem werden viele Materialien und Anregungen für den fächerübergreifenden Unterricht angeboten: Spielideen, Rezepte, Lieder, Gedichte und Rätsel. Die Arbeitsblätter enthalten Bastelideen, Informationstexte und Schreibanregungen, die im Unterricht unabhängig voneinander oder in Form eines Projektes verwendet werden können.

Frühling
Grundschule, 2.–4. Jgst.
fächerübergreifend, 48 Seiten, DIN A4
ISBN 978-3-86708-016-3, Best.-Nr.: 108016, EUR 14,50

Sommer
Grundschule, 2.–4. Jgst.
fächerübergreifend, 48 Seiten, DIN A4
ISBN 978-3-86878-008-6, Best.-Nr.: 178008, EUR 14,50

Herbst
Grundschule, 2.–4. Jgst.
fächerübergreifend, 48 Seiten, DIN A4
ISBN 978-3-86708-007-1, Best.-Nr.: 108007, EUR 14,50

Winter
Grundschule, 2.–4. Jgst.
fächerübergreifend, 48 Seiten, DIN A4
ISBN 978-3-86708-024-8, Best.-Nr.: 108024, EUR 14,50

Gesamtspielzeit: 66:53 min
ISBN 978-3-86878-013-0
Best.-Nr.: 178013
EUR 9,90

Stephen Janetzko

Frühling, Sommer, Herbst und Winter

Die Jahreszeiten musikalisch erleben

Fächerübergreifender Unterricht – mit dieser CD wird es leicht, das Thema Jahreszeiten auch in den Musikunterricht zu integrieren. Texte und Noten der Lieder zum Mitsingen und Mitspielen finden Sie als kostenlosen Download auf der Internetseite von Stephen Janetzko: www.kinderlieder-und-mehr.de.

Die ideale Ergänzung zur Heftreihe „Die Jahreszeiten erleben" – alle in den Heften abgedruckten Lieder von Stephen Janetzko jetzt auf einer CD.

BESTELLSCHEIN Fax: 09466/1276 • Tel.: 09466/94040 • E-Mail: careline@voegel.com

Name: ______________________

Straße: ______________________

PLZ/Ort: ______________________

Telefon:* ______________________

E-Mail:* ______________________
(Falls Sie per Newsletter über Neuerscheinungen informiert werden wollen)

Schulart/Jgst.:* ______________________

Datum, Unterschrift: ______________________
** freiwillige Angaben*

❑ Bitte senden Sie mir/uns kostenlos das aktuelle **CARE-LINE Gesamtverzeichnis** zu

Bitte liefern Sie mir/uns gegen Rechnung folgende Titel:

St.	Bestellnummer	Kurztitel	Preis

(Preise zzgl. Versandkosten)